中国普通高校
创新能力监测报告

2018

中华人民共和国教育部
中华人民共和国科学技术部 编

科学技术文献出版社
SCIENTIFIC AND TECHNICAL DOCUMENTATION PRESS
·北京·

图书在版编目（CIP）数据

中国普通高校创新能力监测报告. 2018 / 中华人民共和国教育部，中华人民共和国科学技术部编. —北京：科学技术文献出版社，2018. 12

ISBN 978-7-5189-5049-2

Ⅰ. ①中…　Ⅱ. ①中…　②中…　Ⅲ. ①高等学校—科研管理—研究报告—中国—2018　Ⅳ. ① G644

中国版本图书馆 CIP 数据核字（2018）第 283039 号

中国普通高校创新能力监测报告2018

策划编辑：李　蕊　　责任编辑：张　红　　责任校对：文　浩　　责任出版：张志平

出 版 者　科学技术文献出版社
地　　址　北京市复兴路15号　邮编 100038
编 务 部　(010) 58882938，58882087（传真）
发 行 部　(010) 58882868，58882870（传真）
邮 购 部　(010) 58882873
官方网址　www.stdp.com.cn
发 行 者　科学技术文献出版社发行　全国各地新华书店经销
印 刷 者　北京时尚印佳彩色印刷有限公司
版　　次　2018 年 12 月第 1 版　2018 年 12 月第 1 次印刷
开　　本　889 × 1194　1/16
字　　数　136千
印　　张　8.75
书　　号　ISBN 978-7-5189-5049-2
定　　价　78.00元

中国普通高校创新能力监测报告2018

编辑委员会及编辑人员

前 言

党的十九大报告强调，创新是引领发展的第一动力，是建设现代化经济体系的战略支撑。加快建设创新型国家已成为现代化建设的重要战略举措。面向未来，我们必须坚定实施创新驱动发展战略，强化创新第一动力的地位和作用，突出以科技创新为核心的全面创新。

近年来，为深入贯彻落实中共中央、国务院《关于深化科技体制改革加快国家创新体系建设的意见》的相关要求，科技部、国家统计局会同有关部门加快推进国家创新调查制度工作，积极开展创新活动统计调查，持续发布创新能力监测和评价报告，准确研判中国创新型国家建设进程，深入分析国家创新体系中各创新主体的创新活动特征，为实施创新驱动发展战略提供决策支撑。

高校是源头创新的主力军之一，是国家创新体系的重要组成部分。高校创新能力监测是国家创新调查制度工作的重要内容之一。2015—2016年，教育部科技司会同科技部创新发展司、中国教育科学研究院、中国科学技术发展战略研究院联合开展了全国普通高校创新调查，首次获得了一批反映当前普通高校与企业联合培养人才、参与产学研合作、科技成果扩散与转化等状况的最新数据。2017年，4家单位联合开展了第二轮全国调查，在原有基础上进一步扩大调查范围，丰富调查内容，增加了对高校学生参与科研创新情况的考察，最终有2128所高校、14 011名高校教师，以及22 451名本科生和18 338名研究生参与了此次调查。

本报告以2007—2016年全国普通高校统计数据为基础（主要来源于《中国科技统计年鉴》《中国教育统计年鉴》《中国教育经费统计年鉴》《高等学校科技统计资料汇编》），结合2016年度高校创新调查数据、OECD统计数据及Elsevier公司的SciVal数据库，从高校基本情况、创新人才培养、高校研发投入、科技成果及转化、国际交流与合作、高校产学研合作创新、教师参与创新情况、学生参与创新情况8个方面反映全国普通高校的创新状况，并着重体现高校在以企业为核心的创新体系中发挥的作用。

本报告分为上、下两篇。上篇为统计篇，包括5个部分，梳理了2007—2016年反映普通高校创新能力整体发展状况的总体数据。下篇为调查篇，包括3个部分，第一部分基于2016年高校创新信息采集报表数据，重点反映高校产学研合作创新状况；第二部分基于2016年高校教师创新情况调查数据，反映高校教师在创新人才培养、多元合作创新、科技成果转化与扩散等方面的情况；第三部分基于2016年高校学生创新情况调查数据，反映高校研究生和本科生在创新活动、创新环境、创新能力提升及创新成果产出方面的情况。

高校创新能力监测既是一项长期的系统性、基础性工作，又是一项起步不久的工作，难免存在很多疏漏和偏差，今后随着全国科技统计工作和创新调查工作的进一步深入发展，将不断调整和完善。

《中国普通高校创新能力监测报告2018》

编辑委员会

二〇一八年七月

目 录
Contents

普通高校创新能力监测框架

中国拥有世界上在校生规模最大的高等教育系统。2016年，全国共有普通高等学校2596所，普通高等教育本专科在校生2695.8万人，研究生在校生195.5万人，教职工240.5万人。普通高校是国家创新体系的重要组成部分，在创新型人才培养、知识创新与传播、产学研合作等方面都发挥着独特的作用。

创新驱动实质上是人才驱动。高校不仅是源头创新的主力军之一，更是培养创新人才的重要阵地。2016年，中共中央、国务院印发的《关于深化体制机制改革加快实施创新驱动发展战略的若干意见》将“坚持人才为先”作为加快实施创新驱动发展战略的总体思路之一，并进一步对高校构建创新型人才培养模式提出了要求。

根据高校在整个国家创新体系中的定位及高校自身的职能特征，全面监测普通高校创新能力，需要兼顾人才培养、科学研究和社会服务等多个方面的发展状况。结合往年工作经验及多次专家研讨的结果，本着指标涉及面尽量广泛的原则，高校创新调查监测报告分为两大部分，共8个维度（一级指标）建立监测框架。

一、统计部分监测框架

第一部分为统计部分监测框架，共有5个一级指标，数据主要来源于各类公开的统计数据。

1. 高校基本情况

高校基本情况主要是指普通高校创新载体和人员的数量，包括高校数量、高校

R&D机构数量、专任教师数量与结构等方面。

2. 创新人才培养

创新人才是创新发展的根本。人才培养是高校三大职能之一，同时，高校在国家创新体系中也肩负着培养和输送创新型人才的重要使命。这个维度主要包括普通高校专科、本科、研究生在校生总数，理工农医类专科、本科、研究生在校生数，参与课题研究的在校研究生数量及占比等方面。其中，在校研究生参与课题研究的两个指标为新增指标。

3. 高校研发投入

人力和经费投入及重要科研平台建设是高校开展研发活动的基础与保障。这个维度主要包括R&D人员数量与结构、R&D人员类型、R&D经费内部支出、R&D经费内部支出类型、R&D经费来源等方面。同时，补充增加了部分国家级科研平台的情况。

4. 科技成果及转化

科技成果是科技创新活动的结晶，科技成果转化为现实生产力是创新驱动发展的本质要求。这一维度主要包括科研成果、科研成果转化与扩散等方面。

5. 国际交流与合作

国际合作是当前科技创新发展的大势所趋，通过国际合作能够提升科技创新的数量、质量及影响。这个维度为本次监测的新增指标，主要包括国际合作课题、国际合作人员和经费投入，以及国际学术交流等方面。

在高校创新能力监测指标体系中，部分二级指标做了不同类型、不同学科、不同层次、不同地区、不同国家的比较，相关数据主要来源于公开的统计数据及数据库。

表0–1　普通高校创新能力监测指标体系（统计部分）

一级指标	二级指标
1. 高校基本情况	1.1　普通高校数量（所）
	1.2　普通高校R&D机构数量（个）
	1.3　专任教师数量（万人）
	1.4　专任教师拥有高级职称占比（%）
	1.5　专任教师拥有博士学位占比（%）
	1.6　女性专任教师占比（%）
2. 创新人才培养	2.1　专科在校生人数（万人）
	2.2　理工农医专科在校生人数（万人）
	2.3　本科在校生人数（万人）
	2.4　理工农医本科在校生人数（万人）
	2.5　研究生在校生人数（万人）
	2.6　理工农医研究生在校生人数（万人）
	2.7　参与课题研究的在校研究生数量（万人）
	2.8　参与课题研究的在校研究生占比（%）
3. 高校研发投入	3.1　R&D人员（万人）
	3.2　R&D人员占全国的比例（%）
	3.3　女性R&D人员占比（%）
	3.4　硕博学位R&D人员占比（%）
	3.5　R&D人员全时当量（万人年）
	3.6　R&D人员全时当量占全国的比例（%）
	3.7　R&D经费内部支出（亿元）
	3.8　R&D经费内部支出占全国比重（%）
	3.9　R&D人员人均经费（万元）
	3.10–1　基础研究在R&D经费内部支出中占比（%）
	3.10–2　应用研究在R&D经费内部支出中占比（%）
	3.10–3　试验发展在R&D经费内部支出中占比（%）
	3.11–1　R&D经费内部支出中来源于政府资金的比例（%）
	3.11–2　R&D经费内部支出中来源于企业资金的比例（%）
	3.11–3　R&D经费内部支出中来源于国外资金的比例（%）
	3.11–4　R&D经费内部支出中来源于其他资金的比例（%）
	3.12　R&D课题经费（亿元）

续表

一级指标	二级指标
4. 科技成果及转化	4.1　科技论文数量（万篇）
	4.2　科技论文数量占全国的比例（%）
	4.3　SCI论文数量（万篇）
	4.4　SCI论文数量占全国的比例（%）
	4.5　专利申请数量（万件）
	4.6　专利申请数量占全国的比例（%）
	4.7　发明专利申请数量占全国的比例（%）
	4.8　发明专利申请数量占专利申请数的比例（%）
	4.9　专利授权数量（万件）
	4.10　专利授权数量占全国的比例（%）
	4.11　发明专利授权数量占全国的比例（%）
	4.12　发明专利授权数量占专利授权的比例（%）
	4.13　技术市场成交合同数量（万项）
	4.14　技术市场成交合同数量占全国的比例（%）
	4.15　技术市场成交合同金额（亿元）
	4.16　技术市场成交合同金额占全国的比例（%）
	4.17　专利所有权转让及许可数量（项）
	4.18　专利所有权转让及许可收入（亿元）
	4.19　企业委托R&D课题数（万项）
	4.20　企业委托R&D课题经费（亿元）
	4.21　参与企业委托R&D课题人员数量（万人年）
5. 国际交流与合作	5.1　与国外合作的R&D课题数（项）
	5.2　与国外合作的R&D课题数占比（%）
	5.3　与国外合作的R&D课题人员投入数（人年）
	5.4　与国外合作的R&D课题人员投入占比（%）
	5.5　与国外合作的R&D课题经费投入数（亿元）
	5.6　与国外合作的R&D课题经费投入占比（%）
	5.7　国际合作研究派遣（人次）
	5.8　国际合作研究接受（人次）
	5.9　国际学术会议出席人员（人次）
	5.10　国际学术会议交流论文（篇）
	5.11　国际学术会议特邀报告（篇）
	5.12　国际学术会议主办（次）

二、调查部分监测框架

第二部分为调查部分监测框架，共有3个维度，包括高校产学研合作创新、高校教师参与创新情况及高校学生参与创新情况。数据主要来源于2016年度普通高校创新调查的数据。

1. 高校产学研合作创新

随着高校功能从人才培育、科学研究到社会服务的延伸，高等教育、科技、经济一体化的趋势越来越强。产学研合作是企业、科研院所和高等学校之间的合作，其实质是促进技术创新所需的各种生产要素的有效组合。这个维度的指标内容主要包括产学研合作培养人才、产学研合作开展科研、产学研合作进行科研成果转化与扩散等方面。数据来源于2016年度高校创新调查中使用“普通高校创新信息采集报表”采集的学校层面数据。

2. 高校教师参与创新情况

高校教师既参与科技创新活动，同时又承担着创新人才培养的任务，既是高校创新活动的主力，也是科教融合的重要媒介。该维度的指标内容主要包括教师对教学、科研和社会服务活动的投入，对教学科研关系的态度，吸纳本科生、研究生参与科研的情况，教师个人承担横向课题的情况，与企事业单位合作培养学生的情况，与企事业单位合作开展科研的情况及个人科技创新成果转化的情况等。数据来源于2016年度高校创新调查中使用“普通本科高校教师创新情况调查问卷”采集的人员层面数据。

3. 高校学生参与创新情况

通过“科教融合”吸纳学生参与科技创新活动，已经成为高校培养创新人才的重要途径。学生，特别是研究生，在高校科研创新活动中扮演着越来越重要的角色。该维度的指标内容主要包括学生发表学术期刊、学术会议论文的情况，学生参加省部级及以上大赛获奖的情况，学生对教师工作中科教融合的看法，学生参与科研课题情况，学生参与创新创业教育情况及学生参与产学研合作情况等。数据来源于2016年度高校创新调查中使用“普通本科高校学生创新情况调查问卷”采集的人员层面数据。

表0-2　普通高校创新能力监测指标体系（调查部分）

一级指标	指标内容
高校产学研合作创新	校企合作共建实习实训基地
	学生到稳定合作企业实习的情况
	校企合作建设师资队伍
	高校为企业提供社会服务
	校企合作开展科研项目
	校企合作专利申请与授权
	学校开展创新创业教育情况
	学校设立成果转化平台情况
	学校专利实施情况
	学校知识产权出售情况
	学校技术转让情况
高校教师参与创新情况	对教学、科研和社会服务活动的投入
	对教学科研关系的态度
	吸纳本科生、研究生参与科研的情况
	个人承担横向课题的情况
	与企事业单位合作培养学生的情况
	与企事业单位合作开展科研的情况
	个人创新成果转化的情况
高校学生参与创新情况	学生发表学术期刊、学术会议论文的情况
	学生在省部级及以上大赛获奖的情况
	学生申请与获得专利的情况
	学生完成的软件开发设计与改进试验情况
	学生综合能力提升的情况
	学生对教师工作中科教融合的看法
	学生参与科研课题情况
	学生接受创新创业教育情况
	学生参与产学研合作情况
	学生对创新人才培养环境的看法

中国普通高校创新能力监测报告2018

统计篇

上篇

一、高校基本情况

监测结果显示，2016年全国拥有普通高校2596所，其中，本科高校1237所，高职专科学校1359所；R&D机构13 062个。全国拥有普通高校专任教师160.2万人，其中，拥有高级职称的专任教师占42.2%，拥有博士学位的专任教师占22.9%，女性教师占49.2%。

表1–1　普通高校基本情况（2007—2016年）

指标	2007年	2008年	2009年	2010年	2011年	2012年	2013年	2014年	2015年	2016年
1.1 普通高校数量（所）	1908	2263	2305	2358	2409	2442	2491	2529	2560	2596
其中：本科	740	1079	1090	1112	1129	1145	1170	1202	1219	1237
高职专科	1168	1184	1215	1246	1280	1297	1321	1327	1341	1359
中央所属	111	111	111	111	111	113	113	113	118	118
地方所属	1502	1514	1538	1573	1602	1623	1661	1689	1708	1737
民办	295	638	656	674	696	706	717	727	734	741
1.2 普通高校R&D机构数量（个）	4502	5159	6082	7833	8630	9225	9842	10 632	11 732	13 062
1.3 专任教师数量（万人）	116.8	123.7	129.5	134.3	139.3	144.0	149.7	153.5	157.3	160.2
1.4 专任教师拥有高级职称占比（%）	38.2	38.1	38.5	39.1	39.8	40.4	41.0	41.5	41.9	42.2
1.5 专任教师拥有博士学位占比（%）	11.2	12.3	13.6	14.9	16.3	17.7	19.1	20.4	21.5	22.9
1.6 女性专任教师占比（%）	45.0	45.6	46.0	46.5	46.9	47.3	47.7	48.1	48.6	49.2

表1–2　分地区普通高校基本情况（2016年）

单位：所

地区	普通高校总数	其中：中央部门	本科院校	高职专科院校
北　京	91	37	66	25
天　津	55	3	30	25
河　北	120	4	61	59
山　西	80	0	33	47
内蒙古	53	0	17	36
辽　宁	116	5	65	51
吉　林	60	2	37	23
黑龙江	82	3	39	43
上　海	64	10	38	26
江　苏	166	10	77	89
浙　江	107	2	59	48
安　徽	119	2	45	74
福　建	88	2	37	51
江　西	98	0	42	56
山　东	144	3	67	77
河　南	129	1	55	74
湖　北	128	8	68	60
湖　南	123	3	51	72
广　东	147	5	62	85
广　西	73	0	36	37
海　南	18	0	7	11
重　庆	65	2	25	40
四　川	109	6	51	58
贵　州	64	0	27	37
云　南	72	1	31	41
西　藏	7	0	4	3
陕　西	93	6	55	38
甘　肃	49	2	22	27
青　海	12	0	4	8
宁　夏	18	1	8	10
新　疆	46	0	18	28

表1-3 分地区普通高校专任教师情况（2016年）

地区	专任教师数量（人）	专任教师拥有高级职称占比（%）	专任教师拥有硕士学位占比（%）	专任教师拥有博士学位占比（%）
北　京	70 013	63.1	24.7	59.9
天　津	30 509	47.5	34.3	35.2
河　北	70 447	44.4	37.1	14.7
山　西	41 301	33.1	38.6	13.3
内蒙古	25 935	42.5	35.8	12.5
辽　宁	64 946	45.0	37.7	22.7
吉　林	39 823	48.0	40.0	24.1
黑龙江	46 829	50.2	36.7	24.0
上　海	42 308	51.0	30.8	50.8
江　苏	109 846	47.2	33.7	31.6
浙　江	60 477	45.4	34.5	30.6
安　徽	59 479	35.7	43.4	15.9
福　建	44 751	40.2	36.9	22.5
江　西	55 550	34.4	30.9	13.0
山　东	107 748	38.2	35.5	19.1
河　南	102 725	34.5	39.0	14.5
湖　北	83 517	45.5	35.6	26.4
湖　南	68 726	40.0	33.6	17.6
广　东	101 160	39.3	36.6	23.5
广　西	40 421	37.5	46.5	12.3
海　南	9306	39.1	38.0	15.2
重　庆	40 583	40.1	40.4	20.5
四　川	85 832	37.0	37.9	17.3
贵　州	33 087	41.0	35.3	10.5
云　南	38 924	37.2	36.0	13.6

续表

地区	专任教师数量（人）	专任教师拥有高级职称占比（%）	专任教师拥有硕士学位占比（%）	专任教师拥有博士学位占比（%）
西　藏	2467	39.2	50.5	9.3
陕　西	66 133	41.4	38.8	26.1
甘　肃	26 731	45.2	39.2	15.1
青　海	4340	51.5	27.9	10.5
宁　夏	8044	45.3	37.4	13.6
新　疆	20 010	35.7	38.9	12.9

二、创新人才培养

监测结果显示，2016年，中国普通高校拥有专科在校生1082.9万人，其中理工农医615.0万人；本科在校生1613.0万人，其中理工农医794.8万人；研究生在校生195.5万人，其中理工农医119.8万人。在设有理工农医类教学专业的高校中，参与课题研究的在校研究生达63.3万人，占在校研究生总数的52.8%。

表2-1　普通高校人才培养状况（2007—2016年）

指标	2007年	2008年	2009年	2010年	2011年	2012年	2013年	2014年	2015年	2016年
2.1 专科在校生人数（万人）	860.6	916.8	964.8	966.2	958.9	964.2	973.6	1006.6	1048.6	1082.9
2.2 理工农医专科在校生人数（万人）	432.3	470.0	502.2	506.2	544.9	553.5	564.0	587.7	614.2	615.0
2.3 本科在校生人数（万人）	1024.3	1104.2	1179.9	1265.6	1349.7	1427.1	1494.4	1541.1	1576.7	1613.0
2.4 理工农医本科在校生人数（万人）	524.0	561.1	596.4	635.7	674.1	708.8	735.3	757.4	775.2	794.8
2.5 研究生在校生人数（万人）	114.4	123.1	135.1	148.3	158.8	167.9	175.0	182.3	188.6	195.5
2.6 理工农医研究生在校生人数（万人）	71.1	75.9	77.1	79.6	95.7	101.0	105.7	111.4	115.4	119.8
2.7 参与课题研究的在校研究生数量（万人）*	26.7	30.1	38.7	43.9	46.2	51.3	55.0	57.7	60.3	63.3
2.8 参与课题研究的在校研究生占比（%）*	37.6	39.7	50.2	55.2	48.3	50.8	52.0	51.8	52.3	52.8

*：仅包括设有理工农医类教学专业的高校。

表2-2　分地区普通高校人才培养（2016年）

单位：万人

地区	专科在校生数量	本科在校生数量	研究生在校生数量
北　京	8.7	51.2	29.9
天　津	17.7	33.7	5.4
河　北	50.7	70.9	4.2
山　西	28.2	47.4	2.9
内蒙古	19.0	24.6	1.9
辽　宁	28.8	71.1	9.9
吉　林	16.7	47.6	6.0
黑龙江	22.2	51.4	6.3
上　海	14.3	37.1	14.3
江　苏	67.7	106.9	16.1
浙　江	38.5	61.1	6.7
安　徽	50.6	63.9	5.2
福　建	25.7	49.9	4.3
江　西	52.0	51.9	3.0
山　东	98.6	100.9	8.2
河　南	84.1	103.4	3.9
湖　北	54.1	86.1	12.0
湖　南	53.7	68.8	7.1
广　东	81.6	107.7	9.3
广　西	38.7	42.3	2.8
海　南	7.7	10.8	0.5
重　庆	28.7	44.5	5.2
四　川	62.6	82.1	9.2
贵　州	27.2	30.2	1.6
云　南	25.5	40.1	3.3
西　藏	1.1	2.4	0.2
陕　西	39.9	67.7	10.5
甘　肃	16.6	29.2	3.1
青　海	2.6	3.6	0.4
宁　夏	4.1	7.6	0.5
新　疆	15.1	16.9	1.9

三、高校研发投入

监测结果显示，2016年，中国普通高校拥有R&D人员85.2万人，占全国R&D人员的比例为14.6%；女性R&D人员占比42.1%，硕博学位的R&D人员占比69.8%。普通高校R&D人员全时当量36.0万人年，占全国R&D人员全时当量的9.3%；其中基础研究中投入16.7万人年，应用研究中投入17.3万人年，试验发展中投入2.0万人年。在设有理工农医类教学专业的高校中，参与课题研究的在校研究生数量达63.3万人。

2016年，全国普通高校R&D经费内部支出1072.2亿元，占全国R&D经费内部支出的6.8%，R&D人员人均经费12.6万元。在普通高校R&D经费内部支出中，基础研究占40.3%；应用研究占49.3%；试验发展占10.4%。在全国普通高校R&D经费来源中，政府资金占64.1%，企业资金占29.0%，国外资金占0.6%，其他资金占6.3%。2016年，全国普通高校R&D课题经费达777.2亿元。

2016年，全国普通高校（不含军事院校）作为第一依托单位共有150个国家重点实验室、18个省部共建国家重点实验室、91个国家工程技术研究中心和50个国家工程实验室，分别占全国总数的59.1%、85.7%、25.3%和25.8%。

表3–1　普通高校R&D人员投入（2007—2016年）

指标	2007年	2008年	2009年	2010年	2011年	2012年	2013年	2014年	2015年	2016年
3.1 R&D人员（万人）	44.8	47.8	50.9	59.4	63.2	67.8	71.5	76.3	83.9	85.2
3.2 R&D人员占全国的比例（%）	—	—	16.0	16.8	15.7	14.7	14.2	14.3	15.3	14.6

续表

指标	2007年	2008年	2009年	2010年	2011年	2012年	2013年	2014年	2015年	2016年
3.3 女性R&D人员占比（%）	—	—	32.3	35.1	36.4	37.5	38.7	40.0	41.4	42.1
3.4 硕博学位R&D人员占比（%）	—	—	57.6	57.0	58.9	61.0	62.5	63.8	66.2	69.8
3.5 R&D人员全时当量（万人年）	25.4	26.6	27.5	29.0	29.9	31.4	32.5	33.5	35.5	36.0
其中：基础研究	9.4	10.9	11.2	12.0	12.9	14.0	14.7	15.5	16.4	16.7
应用研究	12.0	13.7	14.2	14.8	15.0	15.4	15.9	16.1	17.2	17.3
试验发展	4.0	2.0	2.1	2.1	2.0	1.9	1.9	1.9	1.9	2.0
3.6 R&D人员全时当量占全国的比例（%）	14.6	13.6	12.6	11.3	10.4	9.7	9.2	9.0	9.4	9.3

表3-2　普通高校R&D经费投入（2007—2016年）

指标	2007年	2008年	2009年	2010年	2011年	2012年	2013年	2014年	2015年	2016年
3.7 R&D经费内部支出（亿元）	314.7	390.2	468.2	597.3	688.8	780.6	856.7	898.1	998.6	1072.2
3.8 R&D经费内部支出占全国比重（%）	8.5	8.5	8.1	8.5	7.9	7.6	7.2	6.9	7.0	6.8
3.9 R&D人员人均经费（万元）	7.0	8.2	9.2	10.1	10.9	11.5	12.0	11.8	11.9	12.6
3.10-1 基础研究在R&D经费内部支出中占比（%）	27.6	29.4	31.1	31.1	32.9	35.3	35.9	36.6	39.2	40.3
3.10-2 应用研究在R&D经费内部支出中占比（%）	51.4	53.5	53.4	56.4	54.1	51.6	51.5	53.1	51.7	49.3
3.10-3 试验发展在R&D经费内部支出中占比（%）	21.0	17.0	15.5	13.5	13.0	13.1	12.6	10.4	9.1	10.4
3.11-1 R&D经费内部支出中来源于政府资金的比例（%）	56.5	57.8	56.0	60.1	58.8	60.7	60.3	59.7	63.8	64.1
3.11-2 R&D经费内部支出中来源于企业资金的比例（%）	35.0	34.6	36.7	33.2	35.3	33.4	33.8	33.7	30.2	29.0

续表

指标	2007年	2008年	2009年	2010年	2011年	2012年	2013年	2014年	2015年	2016年
3.11–3 R&D经费内部支出中来源于国外资金的比例（%）	1.5	1.2	1.0	0.9	0.9	0.8	0.6	0.6	0.5	0.6
3.11–4 R&D经费内部支出中来源于其他资金的比例（%）	7.0	6.4	6.3	5.8	5.1	5.1	5.3	6.0	5.5	6.3
3.12 R&D课题经费（亿元）	258.2	323.2	363.5	467.0	535.3	607.3	662.7	701.8	765.6	777.2

表3–3　分地区普通高校拥有国家级科研平台的情况（2016年）

单位：个

地区	国家重点实验室	省部共建国家重点实验室	国家工程技术研究中心	国家工程实验室	国家工程研究中心
北　京	31	0	10	18	8
天　津	5	1	2	0	2
河　北	1	0	2	0	0
山　西	1	0	4	0	0
内蒙古	0	0	0	0	0
辽　宁	5	0	3	0	1
吉　林	5	0	1	2	0
黑龙江	3	0	3	3	1
上　海	18	1	6	3	4
江　苏	17	0	10	2	1
浙　江	7	0	7	3	2
安　徽	1	1	0	0	0
福　建	3	3	4	1	1
江　西	0	1	0	0	0
山　东	3	0	5	3	0
河　南	0	1	1	1	1
湖　北	14	1	11	2	2
湖　南	4	1	4	5	1
广　东	8	1	6	1	3

续表

地区	国家重点实验室	省部共建国家重点实验室	国家工程技术研究中心	国家工程实验室	国家工程研究中心
广　西	1	1	0	0	0
海　南	0	1	0	0	0
重　庆	4	0	2	0	0
四　川	8	0	3	2	0
贵　州	0	1	1	0	0
云　南	0	2	0	1	2
西　藏	0	0	0	0	0
陕　西	9	0	5	3	1
甘　肃	2	1	1	0	0
青　海	0	1	0	0	0
宁　夏	0	0	0	0	0
新　疆	0	0	0	0	0
总　计	150	18	91	50	30

注：数据根据科技部公布和发展改革委提供的2016年度各个国家级科研平台信息整理，仅统计普通高校（不含军事类院校）作为第一承担单位的平台数。

表3-4　不同规格、隶属与类型高校拥有国家级科研平台的情况（2016年）

单位：个

院校分类		国家重点实验室	省部共建国家重点实验室	国家工程技术研究中心	国家工程实验室	国家工程研究中心
按高校规格分	“211工程”院校及省部共建高等学校	142	6	60	42	28
	其他本科高等学校	8	12	31	8	2
	高等专科学校	0	0	0	0	0
按高校隶属分	部委院校	9	0	3	6	2
	教育部直属院校	131	1	56	35	24
	地方院校	10	17	32	9	4

续表

院校分类		国家重点实验室	省部共建国家重点实验室	国家工程技术研究中心	国家工程实验室	国家工程研究中心
按高校类型分	综合大学	78	5	29	17	13
	理工院校	58	5	35	25	15
	农林院校	7	4	22	6	2
	医药院校	3	2	1	0	0
	师范院校	4	2	4	2	0
	其他	0	0	0	0	30

注：数据根据科技部公布和发展改革委提供的2016年度各个国家级科研平台信息整理，仅统计普通高校（不含军事类院校）作为第一承担单位的平台数。

表3-5　普通高校R&D人员投入按学科分布（2010—2016年）

单位：人年

学科	2010年	2011年	2012年	2013年	2014年	2015年	2016年
数学	4838	5093	5374	5890	6353	6449	6277
信息科学与系统科学	3017	3648	3156	3459	3772	4091	4442
力学	1225	1161	1477	1427	1611	1347	1405
物理学	6103	6124	6818	7156	7303	7202	7300
化学	9045	9668	9651	10 355	10 577	10 792	10 548
天文学	151	148	168	127	218	215	202
地球科学	5800	5272	6150	6301	6596	7118	6637
生物学	11 013	10 683	10 849	11 634	11 384	11 587	12 047
心理学	104	101	136	186	1357	215	302
农学	8490	7764	8862	8207	7998	8405	9557
林学	2422	2416	2216	2179	2285	2287	2447
畜牧、兽医科学	3247	3087	3006	3128	3150	2838	3383
水产学	1000	935	938	1098	1215	1281	1194
基础医学	12 188	12 813	12 899	14 440	14 259	14 932	15 415
临床医学	36 658	39 183	40 279	40 127	43 330	43 694	43 467

续表

学科	2010年	2011年	2012年	2013年	2014年	2015年	2016年
预防医学与卫生学	2151	2105	1973	1838	1909	2150	2001
军事医学与特种医学	64	91	112	119	80	56	68
药学	3093	3547	3430	3738	4162	4093	4586
中医学与中药学	10 989	11 705	11 855	13 654	12 223	12 541	12 153
工程与技术科学基础学科	1825	1959	1394	1504	2211	1819	2092
信息与系统科学相关工程与技术	833	1302	1887	1985	2555	2527	2908
自然科学相关工程与技术	888	784	754	1075	1176	1342	1773
测绘科学技术	803	767	785	904	912	1129	1042
材料科学	9868	10 227	785	10 495	11 321	11 724	12 806
矿山工程技术	3235	3667	3472	3655	3243	3111	3359
冶金工程技术	1365	951	1191	1254	1053	1100	1114
机械工程	10 540	12 050	11 386	11 092	11 546	12 301	12 948
动力与电气工程	5290	5242	5615	5558	5978	6437	6493
能源科学技术	2263	2406	2387	2430	3194	2506	2285
核科学技术	516	433	612	497	586	524	568
电子、通信与自动控制技术	13 715	13 000	13 092	12 560	11 653	12 458	12 634
计算机科学技术	10 750	10 715	11 813	11 528	12 138	12 695	12 814
化学工程	5751	5570	5753	5748	5718	5912	5963
产品应用相关工程与技术	257	302	604	567	531	600	727
纺织科学技术	1131	1036	1044	1060	929	879	1049
食品科学技术	2322	2309	2562	2738	2984	3036	3115
土木建筑工程	6913	6941	6921	7580	8032	9111	9487
水利工程	1648	1864	1864	1752	1781	1684	1975
交通运输工程	4139	4533	4124	4646	4933	4805	4948
航空、航天科学技术	2349	1720	2091	2350	1729	2189	2120
环境科学技术	6451	6325	6238	7209	6935	7609	7622
安全科学技术	527	547	648	611	711	826	824
管理学	16 412	17 694	19 703	20 359	19 819	23 885	22 834
马克思主义	2064	2345	2695	2976	3350	4037	4336

续表

学科	2010年	2011年	2012年	2013年	2014年	2015年	2016年
哲学	1301	1403	1452	1505	1599	1622	1598
宗教学	225	232	262	250	290	336	291
语言学	4953	5351	5989	6152	6435	7172	6821
文学	4019	4131	4643	4753	4864	5305	4901
艺术学	4690	5430	6077	6383	6795	8010	8225
历史学	2074	2155	2443	2369	2497	2664	2360
考古学	224	244	259	254	291	336	307
经济学	11 654	12 082	13 046	12 675	13 073	14 357	13 914
政治学	1961	1919	2031	2128	2205	2416	2309
法学	4168	4504	4980	5100	5277	5698	5551
军事学	59	2	122	15	6	22	21
社会学	3809	4073	4496	4806	5050	5562	5537
民族学	560	833	1118	1300	1495	1773	1888
新闻学与传播学	1468	1549	1723	1831	1966	2139	2180
图书馆、情报与文献学	1439	1583	1735	1773	1808	1924	1737
教育学	9069	9312	10 308	10 823	11 423	14 140	15 582
体育科学	3215	3349	3780	4118	3886	4188	4043
统计学	496	508	658	754	834	957	966
其他	107	123	175	310	273	315	342

表3-6　分地区普通高校R&D人员情况（2016年）

地区	R&D人员（人）	硕博学位R&D人员比例（%）	女性R&D人员比例（%）
北　京	77 397	70.9	42.1
天　津	23 397	73.1	44.0
河　北	30 448	64.3	53.7
山　西	14 574	69.3	49.2
内蒙古	7440	68.2	47.8
辽　宁	38 626	71.5	44.1

续表

地区	R&D人员（人）	硕博学位R&D人员比例（%）	女性R&D人员比例（%）
吉　林	32 584	74.0	48.7
黑龙江	25 209	70.9	42.2
上　海	43 977	72.4	35.2
江　苏	63 249	73.9	38.9
浙　江	49 421	71.0	44.0
安　徽	26 459	68.7	34.9
福　建	28 985	68.2	44.2
江　西	14 534	62.4	37.5
山　东	43 338	69.1	40.9
河　南	24 780	69.6	48.9
湖　北	34 534	74.3	36.7
湖　南	36 849	65.8	41.0
广　东	57 048	70.9	41.2
广　西	26 421	65.4	42.1
海　南	3868	68.0	47.4
重　庆	21 547	68.6	36.2
四　川	41 233	67.8	39.8
贵　州	11 819	64.3	43.7
云　南	18 989	64.1	49.6
西　藏	1272	71.3	41.3
陕　西	26 740	70.3	40.1
甘　肃	9688	63.6	38.0
青　海	1470	62.9	42.0
宁　夏	3907	66.1	43.7
新　疆	11 961	67.1	48.9

表3-7　分地区普通高校R&D人员全时当量（2016年）

地区	R&D人员全时当量（人年）	基础研究人员占比（%）	应用研究人员占比（%）	试验发展人员占比（%）	研究人员占R&D人员的比例（%）
北　京	32 327	41.0	56.4	2.6	82.4
天　津	10 355	40.5	53.9	5.7	86.1
河　北	10 682	45.2	52.6	2.1	89.0
山　西	6625	47.2	47.3	5.5	80.6
内蒙古	3328	38.4	51.5	10.1	88.8
辽　宁	17 504	44.1	49.3	6.5	89.5
吉　林	14 349	58.6	38.5	2.8	84.1
黑龙江	14 211	60.9	36.9	2.2	86.4
上　海	23 892	51.3	42.7	6.0	81.0
江　苏	26 350	46.4	44.6	9.1	92.3
浙　江	17 714	43.1	53.1	3.8	87.6
安　徽	12 695	50.7	46.5	2.8	81.3
福　建	10 673	24.6	72.1	3.3	82.9
江　西	6040	46.2	47.3	6.5	82.7
山　东	20 564	49.5	43.3	7.2	88.1
河　南	7910	43.1	42.5	14.4	84.8
湖　北	15 033	37.4	53.2	9.4	86.8
湖　南	15 331	45.2	46.8	8.0	88.8
广　东	23 938	49.2	47.0	3.8	81.4
广　西	10 202	51.5	44.9	3.6	83.4
海　南	1136	52.5	40.5	7.0	81.2
重　庆	8520	39.3	51.6	9.1	86.8
四　川	17 461	37.3	55.0	7.6	86.1
贵　州	4220	57.9	39.7	2.4	89.9
云　南	6956	50.7	44.9	4.4	81.9
西　藏	253	67.3	31.5	1.1	82.5
陕　西	11 240	55.8	33.2	11.0	86.0
甘　肃	3909	43.8	51.9	4.3	85.0
青　海	661	63.6	34.8	1.6	88.7
宁　夏	1940	52.5	44.3	3.2	81.2
新　疆	4031	60.1	38.4	1.5	87.7

表3-8　分地区普通高校R&D经费内部支出及结构（2016年）

地区	R&D经费内部支出（亿元）	R&D人员人均经费（万元）	基础研究在R&D经费内部支出中占比（%）	应用研究在R&D经费内部支出中占比（%）	试验发展在R&D经费内部支出中占比（%）
北　京	160.4	20.7	40.2	53.0	6.8
天　津	63.7	27.2	40.2	51.7	8.0
河　北	15.9	5.2	40.3	56.4	3.3
山　西	9.7	6.7	52.6	42.8	4.6
内蒙古	3.9	5.2	27.5	54.9	17.6
辽　宁	43.0	11.1	36.5	53.9	9.6
吉　林	16.4	5.0	44.6	46.5	8.9
黑龙江	44.9	17.8	27.9	70.7	1.4
上　海	93.6	21.3	42.6	46.6	10.8
江　苏	100.0	15.8	41.3	46.4	12.2
浙　江	54.7	11.1	44.8	50.2	5.0
安　徽	27.0	10.2	54.9	39.8	5.3
福　建	27.2	9.4	16.3	78.5	5.2
江　西	10.3	7.1	42.2	49.5	8.3
山　东	36.9	8.5	46.9	40.4	12.7
河　南	20.0	8.1	30.5	46.6	22.9
湖　北	48.1	13.9	31.4	48.9	19.6
湖　南	26.4	7.2	36.2	48.2	15.6
广　东	108.1	18.9	46.3	40.5	13.2
广　西	13.7	5.2	59.8	37.9	2.3
海　南	1.8	4.7	50.4	37.9	11.7
重　庆	26.5	12.3	35.3	52.3	12.4
四　川	47.8	11.6	31.1	48.9	20.0
贵　州	8.0	6.8	42.8	54.2	3.0
云　南	11.8	6.2	48.8	44.2	7.0
西　藏	0.4	3.1	69.0	25.4	5.6
陕　西	35.0	13.1	43.1	39.0	17.9
甘　肃	7.7	7.9	41.9	50.6	7.5
青　海	2.1	14.3	74.2	24.9	1.0
宁　夏	2.5	6.4	53.2	41.6	5.2
新　疆	4.6	3.8	58.7	39.4	1.9

表3-9 分地区普通高校R&D经费来源结构（2016年）

单位：%

地区	政府资金比例	企事业单位资金比例	国外资金比例	其他资金比例
北 京	67.3	29.5	2.1	1.1
天 津	63.3	32.1	0.5	4.1
河 北	64.1	24.0	0.0	11.8
山 西	70.9	16.4	0.0	12.7
内蒙古	72.1	24.7	0.0	3.2
辽 宁	50.7	42.3	0.2	6.8
吉 林	73.2	17.7	0.3	8.7
黑龙江	54.3	43.4	0.0	2.3
上 海	64.8	31.7	0.3	3.1
江 苏	60.3	32.3	0.4	7.1
浙 江	60.7	32.1	0.6	6.6
安 徽	76.3	13.7	0.2	9.8
福 建	75.9	16.3	0.2	7.5
江 西	62.0	24.9	0.1	13.0
山 东	70.3	21.5	0.2	8.0
河 南	60.4	22.7	0.0	16.9
湖 北	66.4	29.6	0.3	3.6
湖 南	64.6	25.6	0.3	9.5
广 东	70.2	21.6	0.4	7.8
广 西	72.9	14.9	0.3	11.9
海 南	84.9	7.8	0.0	7.3
重 庆	49.2	27.4	0.4	23.0
四 川	45.9	45.3	0.2	8.6
贵 州	72.7	18.5	0.0	8.8
云 南	70.6	15.1	0.5	13.9
西 藏	88.6	5.0	0.0	6.4
陕 西	64.9	31.7	0.2	3.2
甘 肃	62.6	30.9	0.0	6.5
青 海	93.8	4.1	0.0	2.0
宁 夏	83.5	10.6	0.0	5.8
新 疆	87.0	9.4	0.1	3.5

表3-10　分地区普通高校R&D课题经费（2016年）

地区	R&D课题经费（亿元）	平均每项课题经费（万元）
北　京	121.9	13.4
天　津	44.4	19.7
河　北	8.4	3.5
山　西	6.0	6.4
内蒙古	3.4	4.1
辽　宁	35.7	11.0
吉　林	11.7	5.6
黑龙江	40.9	23.6
上　海	64.5	12.5
江　苏	70.7	10.4
浙　江	40.0	6.3
安　徽	16.9	5.9
福　建	15.4	4.7
江　西	7.9	3.9
山　东	28.7	7.4
河　南	16.7	6.4
湖　北	37.0	8.5
湖　南	19.6	5.6
广　东	66.4	9.4
广　西	7.8	3.8
海　南	1.4	3.7
重　庆	18.1	7.7
四　川	35.8	7.6
贵　州	6.1	4.4
云　南	9.3	5.7
西　藏	0.3	2.7
陕　西	29.3	7.1
甘　肃	6.2	6.3
青　海	1.4	12.2
宁　夏	1.7	4.1
新　疆	3.8	4.3

表3-11　按规格、隶属分普通高校R&D人员全时当量占比（2007—2016年）

单位：%

院校类型		2007年	2008年	2009年	2010年	2011年	2012年	2013年	2014年	2015年	2016年
按高校规格分	“211工程”院校及省部共建高校	47.3	47.0	47.2	45.8	44.5	42.9	42.8	43.1	42.4	41.2
	其他本科高校	50.9	50.9	49.9	51.4	52.7	54.0	54.3	53.5	53.1	53.9
	高等专科学校	1.8	2.1	3.0	2.8	2.7	3.0	2.9	3.4	4.5	4.9
按高校隶属分	部委院校	5.8	5.4	5.3	5.7	5.4	5.6	5.4	5.2	5.1	5.0
	教育部直属院校	33.3	33.3	34.2	33.0	32.9	30.5	30.7	31.4	31.1	30.1
	地方院校	60.9	61.3	60.4	61.3	61.7	63.9	63.9	63.4	63.9	64.9

注：仅包括设有理工农医类教学专业的高校。

表3-12　按规格、隶属与类型分普通高校科技经费来源结构（2016年）

单位：%

院校类型		政府资金比例	企事业单位委托比例	其他来源比例
按高校规格分	“211工程”院校及省部共建高等学校	65.1	30.8	4.1
	其他本科高等学校	61.4	24.0	14.6
	高等专科学校	48.5	24.1	27.4
按高校隶属分	部委院校	63.6	34.0	2.4
	教育部直属院校	65.8	29.9	4.2
	地方院校	61.2	25.1	13.8
按高校类型分	综合大学	69.5	23.4	7.1
	理工院校	54.5	38.9	6.6
	农林院校	80.7	13.2	6.1
	医药院校	78.2	6.4	15.4
	师范院校	71.1	14.3	14.7
	其他	65.7	17.7	16.6

注：仅包括设有理工农医类教学专业的高校。

表3-13　按规格、隶属与类型分普通高校科技经费支出结构（2016年）

单位：%

院校类型		基础研究比例	应用研究比例	试验发展比例
按高校规格分	“211工程”院校及省部共建高等学校	41.0	46.9	12.2
	其他本科高等学校	35.1	52.2	12.7
	高等专科学校	10.2	77.2	12.6
按高校隶属分	部委院校	29.0	62.5	8.5
	教育部直属院校	42.6	43.5	13.9
	地方院校	37.5	51.1	11.4
按高校类型分	综合大学	48.2	42.3	9.5
	理工院校	30.6	54.1	15.3
	农林院校	35.5	52.4	12.1
	医药院校	59.3	36.6	4.1
	师范院校	53.9	37.4	8.7
	其他	29.7	62.1	8.2

注：仅包括设有理工农医类教学专业的高校。

表3-14　部分国家R&D人员全时当量（2016年）

国家	高校R&D人员全时当量（万人年）	R&D人员全时当量占本国R&D人员的比重（%）	研究人员占R&D人员全时当量的比重（%）
中　国	36.0	9.3	85.5
日　本	21.07	24.2	65.5
英　国	18.98	45.2	89.7
德　国	14.17	21.6	77.6
法　国	12.05	28.1	66.1
俄罗斯	11.04	13.8	75.2
韩　国	7.25	16.2	56.3
荷　兰	3.4	25.5	66.5

续表

国家	高校R&D人员全时当量（万人年）	R&D人员全时当量占本国R&D人员的比重（%）	研究人员占R&D人员全时当量的比重（%）
瑞　士	2.97	36.4	72.1
瑞　典	2.19	24.1	90.0
芬　兰	1.52	32.1	78.9

注：数据来源为OECD统计数据，其中瑞士、法国为2015年数据。

表3–15　部分国家高校R&D经费及占本国R&D经费比重（2016年）

国家	高校R&D经费（亿美元）	高校R&D经费占本国R&D经费的比重（%）
中　国	161.5	6.8
美　国	675.2	13.2
日　本	191.5	12.3
德　国	183.9	18.0
法　国	121.7	22.0
英　国	110.0	24.6
加拿大	101.1	41.0
意大利	61.1	25.5
瑞　士	56.6	26.7
韩　国	54.6	9.1
荷　兰	49.8	31.5
瑞　典	45.0	26.8
俄罗斯	12.8	9.1

注：数据来源为OECD统计数据，其中瑞士为2015年数据。

表3-16　部分国家高校按活动类型分R&D经费占比（2016年）

单位：%

国家	基础研究占比	应用研究占比	试验发展占比
中　国	40.3	49.3	10.4
瑞　士	78.9	14.9	6.2
法　国	74.5	21.3	4.2
美　国	62.8	27.7	9.4
意大利	56.1	33.8	10.2
日　本	54.9	36.0	9.1
韩　国	34.8	33.4	31.8
英　国	33.3	52.0	14.7
俄罗斯	31.8	48.3	20.0

注：数据来源为OECD统计数据，其中美国、英国、意大利、法国为2015年数据。

表3-17　部分国家高校R&D经费占GDP比例（2007—2016年）

单位：%

国家	2007年	2008年	2009年	2010年	2011年	2012年	2013年	2014年	2015年	2016年
英　国	0.42	0.43	0.47	0.45	0.44	0.43	0.44	0.43	0.42	0.41
美　国	0.35	0.37	0.40	0.40	0.40	0.38	0.37	0.36	0.36	0.36
法　国	0.39	0.41	0.46	0.47	0.46	0.46	0.47	0.50	0.50	0.49
德　国	0.39	0.43	0.48	0.49	0.50	0.51	0.51	0.51	0.50	0.53
日　本	0.42	0.39	0.43	0.40	0.43	0.43	0.45	0.43	0.40	0.39
韩　国	0.32	0.35	0.37	0.38	0.38	0.38	0.38	0.39	0.38	0.39
俄罗斯	0.07	0.06	0.08	0.09	0.09	0.10	0.09	0.10	0.11	0.10
中　国	0.12	0.12	0.13	0.14	0.14	0.14	0.14	0.14	0.14	0.14

注：数据来源为OECD统计数据。

四、科技成果及转化

监测结果显示，2016年，中国普通高校发表科技论文32.0万篇，占全国发表科技论文总数的64.7%。发表SCI论文24.1万篇，占全国发表SCI论文总数的 83.1%。2016年，中国普通高校申请专利31.5万件，占全国专利申请总数的9.5%；高校专利授权15.0万件，占全国专利授权总数的9.2%。其中，高校发明专利申请数占高校专利申请总数的55.0%，占全国发明专利申请数的14.4%；高校发明专利授权数占高校专利授权总数的41.6%，占全国发明专利授权总数的20.6%。普通高校签订技术市场成交合同6.0万件，占全国技术市场成交合同总数的18.7%；技术市场成交合同金额360.0亿元，占全国技术市场成交合同金额的3.2%。专利所有权转让及许可4839项，专利所有权转让及许可收入12.2亿元。

表4-1　普通高校创新成果及转化情况（2007—2016年）

指标	2007年	2008年	2009年	2010年	2011年	2012年	2013年	2014年	2015年	2016年
4.1 科技论文数量（万篇）	30.6	31.8	34.1	34.3	33.6	33.7	33.1	32.1	31.9	32.0
4.2 科技论文数量占全国的比例（%）	66.0	67.3	65.3	64.6	63.4	64.4	64.0	64.4	63.8	64.7
4.3 SCI论文数量（万篇）	6.4	7.8	9.0	10.1	11.3	13.1	16.1	19.5	22.0	24.1
4.4 SCI论文数量占全国的比例（%）	80.8	81.8	82.5	82.9	83.2	82.8	83.7	83.0	82.9	83.1
4.5 专利申请数量（万件）	3.3	4.5	6.2	7.9	11.0	13.3	16.8	18.4	23.5	31.5
4.6 专利申请数量占全国的比例（%）	5.6	6.3	7.0	7.2	7.3	6.9	7.5	8.3	8.9	9.5
4.7 发明专利申请数量占全国的比例（%）	15.0	15.8	16.6	16.5	15.2	14.1	14.0	14.0	13.8	14.4

续表

指标	2007年	2008年	2009年	2010年	2011年	2012年	2013年	2014年	2015年	2016年
4.8 发明专利申请数量占专利申请数的比例（%）	70.4	68.2	61.7	60.9	57.2	57.1	58.8	60.9	56.8	55.0
4.9 专利授权数量（万件）	1.5	1.9	2.8	4.3	5.6	7.7	8.5	9.2	13.6	15.0
4.10 专利授权数量占全国的比例（%）	4.9	5.4	5.6	5.8	6.4	6.6	6.9	7.6	8.5	9.2
4.11 发明专利授权数量占全国的比例（%）	25.7	22.0	22.0	23.9	23.7	23.5	23.2	23.6	21.7	20.6
4.12 发明专利授权数量占专利授权的比例（%）	55.6	53.6	51.5	44.1	47.1	43.8	39.2	41.4	42.0	41.6
4.13 技术市场成交合同数量（万项）	2.8	3.0	3.3	4.2	5.0	5.8	6.4	5.4	5.7	6.0
4.14 技术市场成交合同数量占全国的比例（%）	12.5	13.3	15.3	18.4	19.4	20.5	21.8	18.3	18.6	18.7
4.15 技术市场成交合同金额（亿元）	103.0	118.3	135.1	196.7	248.8	294.0	329.5	315.1	314.3	360.0
4.16 技术市场成交合同金额占全国的比例（%）	4.6	4.4	4.4	5.0	5.2	4.6	4.4	3.7	3.2	3.2
4.17 专利所有权转让及许可数量（项）	—	—	1602	1810	2203	2380	2344	2293	2786	4839
4.18 专利所有权转让及许可收入（亿元）	—	—	5.7	3.6	4.7	4.4	4.4	5.4	6.7	12.2
4.19 企业委托R&D课题数（万项）	—	—	10.5	12.3	13.9	14.9	15.8	17.0	18.0	19.1
4.20 企业委托R&D课题经费（亿元）	—	—	131.8	157.4	247.7	208.4	230.1	245.5	244.5	247.0
4.21 参与企业委托R&D课题人员数量（万人年）	—	—	5.6	5.6	5.9	6.1	6.1	6.4	6.5	6.9

表4-2 分地区普通高校科技创新产出（2016年）

地区	发表科技论文数（篇）	专利申请数（件）	有效发明专利数（件）	形成国家或行业标准数（项）	专利所有权转让与许可数（件）	专利所有权转让与许可收入（万元）
北　京	118 193	14 960	39 047	265	745	51 870
天　津	29 977	6044	7004	0	47	347
河　北	36 187	4834	3497	5	57	575
山　西	18 488	1853	2553	1	29	422
内蒙古	16 314	707	609	0	1	5
辽　宁	56 721	7970	9409	21	107	5882
吉　林	37 527	4202	3234	0	30	244
黑龙江	36 133	7679	10 713	17	176	1641
上　海	79 481	10 848	20 334	0	312	9486
江　苏	114 057	35 507	31 437	34	1493	13 026
浙　江	49 592	18 063	21 081	20	344	8920
安　徽	37 599	10 529	4805	20	131	1974
福　建	25 600	5655	5656	2	86	9500
江　西	24 115	4977	2235	6	38	1465
山　东	53 770	12 421	10 666	3	94	1568
河　南	49 332	7913	5471	1	59	1251
湖　北	76 053	14 261	10 826	23	153	3139
湖　南	50 101	9454	7063	23	77	868
广　东	87 373	15 680	11 376	20	227	2216
广　西	23 712	5727	3097	7	45	227
海　南	4921	491	214	0	0	0
重　庆	32 273	5115	5285	47	84	519
四　川	66 528	10 043	9256	6	249	2530
贵　州	16 938	1752	857	6	8	212
云　南	25 146	3017	2608	0	24	38
西　藏	928	42	27	0	0	0
陕　西	60 172	13 825	14 668	15	203	3404
甘　肃	18 468	1696	1500	5	13	35
青　海	2579	78	64	11	0	0
宁　夏	5382	157	121	8	0	0
新　疆	14 221	1165	576	5	7	181

注：科技论文数量与专利申请数据来源于《中国科技统计年鉴2017》，《中国科技统计年鉴》的数据来源于教育部采集的高校申报数据，由于高校填报数据的理解存在差异，因此与中国科学技术信息研究所、国家知识产权局直接根据数据库统计的数据存在差异。

表4-3　不同规格、隶属与类型高校在普通高校科技成果中的占比（2016年）

单位：%

院校分类		合计发表学术论文	发表国外论文	专利申请	发明专利申请	专利授权	发明专利授权
按高校规格分	"211工程"院校及省部共建高等学校	48.3	67.2	41.4	53.7	40.7	59.7
	其他本科高等学校	45.7	32.3	49.3	43.0	48.2	37.8
	高等专科学校	6.1	0.5	9.4	3.3	11.1	2.5
按高校隶属分	部委院校	6.4	9.0	5.2	7.6	5.2	9.1
	教育部直属院校	35.1	50.7	28.8	37.8	28.6	42.4
	地方院校	58.4	40.4	66.0	54.6	66.1	48.5
按高校类型分	综合大学	32.0	41.8	29.5	30.9	29.3	30.6
	理工院校	38.9	37.8	52.4	54.4	52.7	56.3
	农林院校	5.9	4.7	6.0	5.6	6.1	5.6
	医药院校	15.2	8.4	3.0	2.3	3.1	2.1
	师范院校	6.5	6.4	7.4	5.8	6.7	4.3
	其他	1.5	0.9	1.8	1.0	2.1	1.0

注：仅包括设有理工农医类教学专业的高校。

表4-4　不同规格、隶属与类型高校在普通高校技术成果转让中的占比（2016年）

单位：%

院校分类		专利出售合同数	专利出售合同金额	专利出售当年实际收入	技术转让合同数	技术转让合同金额	技术转让当年实际收入
按高校规格分	"211工程"院校及省部共建高等学校	41.8	82.2	75.6	36.7	68.0	58.0
	其他本科高等学校	52.6	17.5	24.0	57.9	31.5	41.0
	高等专科学校	5.6	0.3	0.5	5.4	0.5	1.0
按高校隶属分	部委院校	7.8	16.7	27.2	7.6	11.4	15.9
	教育部直属院校	29.6	63.6	46.2	22.5	52.7	36.7
	地方院校	62.6	19.7	26.7	69.9	35.9	47.4
按高校类型分	综合大学	22.9	39.7	27.3	22.3	39.5	25.0
	理工院校	68.0	52.0	66.1	62.0	47.7	63.0
	农林院校	4.4	4.0	2.3	6.9	5.2	4.7

续表

院校分类		专利出售合同数	专利出售合同金额	专利出售当年实际收入	技术转让合同数	技术转让合同金额	技术转让当年实际收入
按高校类型分	医药院校	1.2	2.9	2.5	1.9	5.1	3.8
	师范院校	2.6	1.2	1.2	5.5	1.9	2.9
	其他	0.9	0.3	0.5	1.4	0.6	0.6

注：仅包括设有理工农医类教学专业的高校。

表4-5　国内外部分高水平院校校均科研产出数量比较（2007—2016年）

单位：篇

院校类型	2007年	2008年	2009年	2010年	2011年	2012年	2013年	2014年	2015年	2016年
“211工程”院校	534.5	605.8	674.2	723.8	817.4	924.8	1091.6	1235.0	1322.1	1448.3
“985工程”院校	1772.4	1934.6	2141.3	2227.7	2463.0	2738.6	3073.4	3380.6	3599.9	3842.3
中国“C9”院校	4236.8	4526.6	4881.9	4904.3	5343.7	5790.4	6551.3	7134.4	7549.8	7988.6
澳大利亚Go8院校	2690.9	2934.9	3209.4	3360.8	3784.8	4129.8	4597.1	4951.9	5100.4	5291.6
美国常春藤联盟院校	5058.6	5241.9	5461.5	5599.6	6174.1	6561.3	6823.3	7129.8	7158.4	7311.5

注：数据来源于Elsevier公司的SciVal科研评价和分析平台，所选择的产出类型为研究论文和综述。该表中，“985工程”院校是除“C9”院校之外的“985工程”院校。

表4-6　国内外部分高水平院校科研产出学术影响力比较（2007—2016年）

院校类型	2007年	2008年	2009年	2010年	2011年	2012年	2013年	2014年	2015年	2016年
“211工程”院校	0.62	0.64	0.67	0.74	0.8	0.84	0.85	0.92	1	1.03
“985工程”院校	0.65	0.69	0.73	0.8	0.87	0.94	0.98	1.04	1.11	1.15
中国“C9”院校	0.85	0.89	0.91	1.01	1.09	1.18	1.22	1.23	1.28	1.3
澳大利亚Go8院校	1.59	1.62	1.58	1.62	1.66	1.74	1.7	1.7	1.76	1.78
美国常春藤联盟院校	2.19	2.17	2.19	2.2	2.19	2.21	2.13	2.15	2.15	2.15

注：数据来源是Elsevier公司的SciVal数据库提供的领域归一化影响力数据（Field-Weighted Citation Impact，FWCI）。该表中，“985工程”院校是除“C9”院校之外的“985工程”院校。

五、国际交流与合作

监测结果显示，2016年，中国普通高校与国外合作的R&D课题数为4305项，占高等学校R&D课题总数的0.5%；与国外合作的R&D课题人员投入数为1883人，占高等学校R&D课题投入人员的0.5%；与国外合作的R&D课题经费投入为7.6亿元，占高等学校R&D课题经费投入的1.0%。2016年，设有理工农医类教学专业的高校开展国际合作研究派遣4.6万人次，接受3.9万人次；主办国际会议2533次，出席国际学术会议18.0万人次，在国际学术会议上交流论文9.9万篇，发表特邀报告2.1万篇。

表5-1　普通高校国际科技合作与交流情况（2007—2016年）

指标	2007年	2008年	2009年	2010年	2011年	2012年	2013年	2014年	2015年	2016年
5.1 与国外合作的R&D课题数（项）	—	—	2893	3053	4527	3070	3138	3993	3319	4305
5.2 与国外合作的R&D课题数占比（%）	—	—	0.6	0.6	0.7	0.5	0.4	0.5	0.4	0.5
5.3 与国外合作的R&D课题人员投入数（人年）	—	—	2284	2094	3212	1840	1638	2062	1514	1883
5.4 与国外合作的R&D课题人员投入占比（%）	—	—	0.8	0.7	1.1	0.6	0.5	0.6	0.4	0.5
5.5 与国外合作的R&D课题经费投入数（亿元）	—	—	5.6	8.1	0.4	6.7	5.9	7.8	5.9	7.6
5.6 与国外合作的R&D课题经费投入占比（%）	—	—	1.5	1.7	0.1	1.1	0.9	1.1	0.8	1.0
5.7 国际合作研究派遣（人次）*	25 780	30 837	35 005	37 112	41 500	39 768	40 975	44 170	44 992	46 347

续表

指标	2007年	2008年	2009年	2010年	2011年	2012年	2013年	2014年	2015年	2016年
5.8 国际合作研究接受（人次）*	25 220	30 483	33 051	34 260	37 213	36 769	37 778	37 551	37 281	39 311
5.9 国际学术会议出席人员（人次）*	97 506	117 392	121 174	125 203	144 492	156 054	159 840	163 893	166 488	180 112
5.10 国际学术会议交流论文（篇）*	65 394	75 388	76 189	88 131	98 656	94 616	97 267	93 464	93 768	99 032
5.11 国际学术会议特邀报告（篇）*	9881	11 665	12 697	14 032	15 305	16 300	17 851	18 748	19 603	20 828
5.12 国际学术会议主办（次）*	1672	1979	2229	2138	2539	2516	2437	2291	2290	2533

*：仅包括设有理工农医类教学专业的高校。

表5-2　分地区普通高校国际科技交流情况（2016年）

地区	合作研究		国际学术会议			
	派遣（人数）	接受（人数）	出席人员（人次）	交流论文（篇）	特邀报告（篇）	主办（次）
北　京	5487	5433	33 732	16 397	4693	248
天　津	691	881	2330	1289	407	80
河　北	769	440	2005	1730	214	24
山　西	554	319	1060	733	70	5
内蒙古	25	12	431	329	44	0
辽　宁	1318	994	8373	4900	732	74
吉　林	510	334	1321	994	252	33
黑龙江	1996	1100	6445	2962	597	77
上　海	4450	5704	25 164	10 623	2987	588
江　苏	4694	4098	13 229	12 100	2486	306
浙　江	860	726	7913	3693	651	85
安　徽	2678	2905	5071	2847	736	46

续表

地区	合作研究		国际学术会议			
	派遣（人数）	接受（人数）	出席人员（人次）	交流论文（篇）	特邀报告（篇）	主办（次）
福　建	1130	1108	7295	3267	661	65
江　西	1311	850	2103	1584	314	28
山　东	2585	1754	5474	3338	616	68
河　南	1194	757	3299	2304	267	25
湖　北	2297	2219	13 990	8642	1057	189
湖　南	2836	1756	3367	2337	552	69
广　东	2911	2200	8513	4657	1165	152
广　西	675	440	1698	828	70	19
海　南	51	23	114	125	3	3
重　庆	738	414	2338	1580	256	34
四　川	2658	2555	14 013	5338	1149	118
贵　州	256	99	697	336	71	6
云　南	872	680	1640	718	180	40
西　藏	47	15	36	26	0	0
陕　西	1035	480	4873	3813	398	110
甘　肃	368	500	2177	692	94	24
青　海	147	94	180	36	13	2
宁　夏	908	250	643	567	45	10
新　疆	296	171	588	247	48	5

注：仅包括设有理工农医类教学专业的高校。

表5-3　不同规格、隶属与类型高校国际科技交流情况（2016年）

院校分类		合作研究		国际学术会议			
		派遣（人数）	接受（人数）	出席人员（人次）	交流论文（篇）	特邀报告（篇）	主办（次）
按高校规格分	“211工程”院校及省部共建高等学校	25 114	26 974	125 311	67 484	15 241	1770
	其他本科高等学校	19 812	12 010	53 925	30 798	5528	758
	高等专科学校	1421	327	876	750	59	5
按高校隶属分	部委院校	3569	4831	12 317	8143	1041	213
	教育部直属院校	18 304	19 463	100 289	52 968	12 887	1423
	地方院校	24 474	15 017	67 506	37 921	6900	897
按高校类型分	综合大学	16 263	15 329	74 123	38 187	9650	1105
	理工院校	17 144	15 337	69 095	43 174	6788	865
	农林院校	2545	1679	6548	4480	929	86
	医药院校	6027	4106	20 722	6095	1892	262
	师范院校	3444	2189	7642	5273	1311	173
	其他	924	671	1982	1823	258	42

注：仅包括设有理工农医类教学专业的高校。

表5-4　国内外部分高水平院校国际合作校均科研产出数量比较（2007—2016年）

单位：篇

院校类型	2007年	2008年	2009年	2010年	2011年	2012年	2013年	2014年	2015年	2016年
“211工程”院校	55.9	68.5	82.3	99.5	122.7	140.6	177.5	217.6	260.3	306.2
“985工程”院校	205.9	252.8	313.6	365.3	429.6	502	589.3	688.5	783.6	890.2
中国“C9”院校	690.3	799	922.4	1009.6	1224.9	1379.1	1636.4	1834.6	2032.1	2223.3
澳大利亚“Go8”院校	1095.6	1249.5	1384.1	1475.9	1715.4	1912	2211.4	2445.5	2648.6	2850
美国常春藤联盟院校	1549.1	1634.8	1772.9	1896.4	2168.9	2436.9	2601.5	2805	2926.8	3097.6

注：数据来源于Elsevier公司的SciVal科研评价和分析平台，所选择的产出类型为研究论文和综述。该表中，“985工程”院校是除“C9”院校之外的“985工程”院校。

表5-5　国内外部分高水平院校国际合作产出占总产出的比例（2007—2016年）

单位：%

院校类型	2007年	2008年	2009年	2010年	2011年	2012年	2013年	2014年	2015年	2016年
“211工程”院校	10.5	11.3	12.2	13.7	15.0	15.2	16.3	17.6	19.7	21.1
“985工程”院校	11.6	13.1	14.6	16.4	17.4	18.3	19.2	20.4	21.8	23.2
中国“C9”院校	16.3	17.7	18.9	20.6	22.9	23.8	25.0	25.7	26.9	27.8
澳大利亚“Go8”院校	40.7	42.6	43.1	43.9	45.3	46.3	48.1	49.4	51.9	53.9
美国常春藤联盟院校	30.6	31.2	32.5	33.9	35.1	37.1	38.1	39.3	40.9	42.4

注：数据来源于Elsevier公司的SciVal科研评价和分析平台，所选择的产出类型为研究论文和综述。该表中，“985工程”院校是除“C9”院校之外的“985工程”院校。

中国普通高校创新能力监测报告2018

调查篇

下篇

六、高校产学研合作创新

监测结果显示，截至2016年，参与调研的2128所普通高校与企业联合共建校内实习实训基地1.7万个，校外实习实训基地16.9万个，分别占校内和校外实习实训基地总数的20.2%和57.1%。开设创业课程22 460门，在校生创业项目7.7万个，获得国家级创新创业大赛奖项2.5万项。学校与很多企业建立了稳定的合作关系，可以接受学生实习：30%以下学生可到稳定合作企业实习的学校375所，30%～50%的学生可到稳定合作企业实习的学校499所，50%～80%的学生可到稳定合作企业实习的学校667所，80%以上的学生可到稳定合作企业实习的学校496所。拥有专任教师127.9万人，其中，拥有行业资格证书的专任教师占28.3%，拥有一年以上行业企业工作经历的专任教师占15.2%，本年度去企业实践一个月以上的专任教师占6.0%。拥有校聘兼职教师29.4万人，其中，来自企业行业的兼职教师占62.9%。学校承接企业员工培训623.7万人次，其中，为第二产业培训231.5万人次，为第三产业培训302.8万人次，参与企业技术咨询服务的教师13.5万人。

2016年，参与调研的高校与企业合作共建科研机构5359个；与省内企业合作开展科研项目6.6万项，合同金额209.98亿元，当年实际收入137.89亿元；与省外企业合作开展科研项目3.6万项，合同金额180.49亿元，当年实际收入123.10亿元。这些高校中，当年来自校企合作项目的发明专利申请占发明专利申请总量的24.4%；来自校企合作项目的发明专利授权占发明专利授权总量的28.4%。专利许可实施3764项，转让实施3431项，技术入股实施791项，与其他单位共同实施2124项，自行实施1.0万项。

截至2016年，参与调研的高校中有753所建立了专门的技术成果转化与扩散机构，427所建立了专门的技术成果转化与扩散网站。签订专利所有权出售合同3098

项，合同金额13.58亿元；签订其他知识产权出售合同662项，合同金额3.56亿元。签订技术转让合同1.08万项，合同金额47.56亿元，当年实际收入27.13亿元，其中，与省内签订技术合同7011项，合同金额24.38亿元，当年实际收入14.46亿元。以知识产权投资形式注册企业230家，股权作价17.40亿元。

（一）校企合作创新情况

1. 校企合作共建实习实训基地

表6-1　不同类型高校校企合作共建实习实训基地情况（截至2016年）

高校类型	校企合作共建校内实习实训基地（个）	校企合作共建校内实习实训基地占校内实习实训基地比例（%）	校企合作共建校外实习实训基地（个）	校企合作共建校外实习实训基地占校外实习实训基地比例（%）
综合大学	4844	21.8	45 352	56.4
理工院校	8843	24.3	74 320	68.0
农业院校	305	10.9	8399	60.3
林业院校	146	13.6	2009	63.2
医药院校	266	9.3	3786	25.6
师范院校	724	9.6	12 437	39.2
语文院校	132	11.3	2152	49.0
财经院校	1755	20.8	15 127	56.9
政法院校	86	9.9	1141	35.3
体育院校	15	4.8	653	32.3
艺术院校	315	13.8	2722	65.9
民族院校	34	5.9	1191	46.1
总计	17 465	20.2	169 289	57.1

表6-2 不同规格高校校企合作共建实习实训基地情况（截至2016年）

高校规格	校企合作共建校内实习实训基地（个）	校企合作共建校内实习实训基地占校内实习实训基地比例（%）	校企合作共建校外实习实训基地（个）	校企合作共建校外实习实训基地占校外实习实训基地比例（%）
本科	6312	21.0	89 349	56.0
其中：独立学院	473	12.6	11 405	65.3
专科	11 153	19.7	79 940	58.5
总计	17 465	20.2	169 289	57.1

表6-3 不同隶属高校校企合作共建实习实训基地情况（截至2016年）

高校隶属	校企合作共建校内实习实训基地（个）	校企合作共建校内实习实训基地占校内实习实训基地比例（%）	校企合作共建校外实习实训基地（个）	校企合作共建校外实习实训基地占校外实习实训基地比例（%）
中央	1476	45.7	13 761	69.7
教育部	773	40.7	11 649	72.5
其他部门	703	52.8	2112	57.4
地方	13 186	20.1	126 933	56.1
教育部门	8587	21.3	89 971	57.2
其他部门	4085	17.4	34 837	52.9
地方企业	514	25.9	2125	68.2
民办	2803	15.9	28 595	56.7
总计	17 465	20.2	169 289	57.1

表6-4 按“双一流”建设项目分高校校企合作共建实习实训基地情况（截至2016年）

高校分类	校企合作共建校内实习实训基地（个）	校企合作共建校内实习实训基地占校内实习实训基地比例（%）	校企合作共建校外实习实训基地（个）	校企合作共建校外实习实训基地占校外实习实训基地比例（%）
“世界一流大学”建设高校	418	38.5	6677	72.9
“世界一流学科”建设高校	1271	55.0	9999	62.7
其他高校	15 776	19.0	152 613	56.3
总计	17 465	20.2	169 289	57.1

注：进入“世界一流大学”及“世界一流学科”建设项目的高校简称为“双一流”建设高校，以下同。

表6-5　不同地区高校校企合作共建实习实训基地情况（截至2016年）

地区	校企合作共建校内实习实训基地（个）	校企合作共建校内实习实训基地占校内实习实训基地比例（%）	校企合作共建校外实习实训基地（个）	校企合作共建校外实习实训基地占校外实习实训基地比例（%）
北　京	248	12.0	5455	56.0
天　津	375	24.0	2595	52.6
河　北	758	19.6	6622	57.6
山　西	248	15.2	2594	55.5
内蒙古	153	7.1	1653	46.1
辽　宁	505	13.6	6555	58.3
吉　林	500	16.6	3267	40.8
黑龙江	232	8.9	3676	39.0
上　海	398	21.9	4143	60.1
江　苏	2540	26.7	19 102	67.7
浙　江	547	22.2	11 199	57.3
安　徽	512	11.7	5716	47.3
福　建	1165	34.3	7792	65.7
江　西	879	29.5	5440	62.7
山　东	1460	29.9	10 708	63.6
河　南	692	17.6	6734	61.0
湖　北	692	21.9	9419	67.3
湖　南	858	22.7	7000	57.3
广　东	1126	20.2	17 083	64.0
广　西	340	17.4	3952	51.3
海　南	93	14.7	624	44.2
重　庆	582	27.5	3995	52.1
四　川	974	22.8	8875	60.2
贵　州	242	15.7	1884	43.5
云　南	276	10.0	3461	50.8
西　藏	3	15.8	70	17.4
陕　西	524	15.5	5101	49.9
甘　肃	232	16.6	1747	35.1

续表

地区	校企合作共建校内实习实训基地（个）	校企合作共建校内实习实训基地占校内实习实训基地比例（%）	校企合作共建校外实习实训基地（个）	校企合作共建校外实习实训基地占校外实习实训基地比例（%）
青　海	145	50.5	441	64.4
宁　夏	26	6.8	378	28.7
新　疆	140	10.2	2008	41.5
总　计	17 465	20.2	169 289	57.1

2. 学生到稳定合作企业实习的情况

表6–6　不同类型高校学生到稳定合作企业实习的情况（2016年）

单位：所

高校类型	比例在80% 以上的学校数量	比例在50%～80%的学校数量	比例在30%～50%的学校数量	比例在30%以下的学校数量
综合大学	125	169	121	75
理工院校	216	291	164	58
农业院校	17	25	20	4
林业院校	6	7	3	3
医药院校	55	15	16	67
师范院校	30	45	58	52
语文院校	5	11	13	10
财经院校	27	68	69	48
政法院校	2	4	8	20
体育院校	1	5	7	6
艺术院校	11	22	17	25
民族院校	1	5	3	7
总计	496	667	499	375

表6-7　不同规格高校学生到稳定合作企业实习的情况（2016年）

单位：所

高校规格	比例在80% 以上的学校数量	比例在50%～80%的学校数量	比例在30%～50%的学校数量	比例在30%以下的学校数量
本科	163	297	291	261
其中：独立学院	27	49	66	46
专科	333	370	208	114
总计	496	667	499	375

表6-8　不同隶属高校学生到稳定合作企业实习的情况（2016年）

单位：所

高校隶属	比例在80% 以上的学校数量	比例在50%～80%的学校数量	比例在30%～50%的学校数量	比例在30%以下的学校数量
中央	23	21	27	22
教育部	18	12	20	15
其他部门	5	9	7	7
地方	360	469	316	263
教育部门	217	282	225	195
其他部门	126	173	87	65
地方企业	17	14	4	3
民办	113	177	156	90
总计	496	667	499	375

表6-9　按“双一流”建设项目分高校学生到稳定合作企业实习的情况（2016年）

单位：所

高校分类	比例在80% 以上的学校数量	比例在50%～80%的学校数量	比例在30%～50%的学校数量	比例在30%以下的学校数量
“世界一流大学”建设高校	10	6	10	8
“世界一流学科”建设高校	15	19	22	17
其他高校	471	642	467	350
总计	496	667	499	375

表6-10 不同地区高校学生到稳定合作企业实习的情况（2016年）

单位：所

地区	比例在80% 以上的学校数量	比例在50%～80%的学校数量	比例在30%～50%的学校数量	比例在30%以下的学校数量
北　京	14	17	23	13
天　津	6	8	15	18
河　北	23	37	17	16
山　西	9	14	8	11
内蒙古	15	14	6	3
辽　宁	28	31	13	18
吉　林	17	14	13	7
黑龙江	24	19	12	12
上　海	11	12	17	15
江　苏	34	50	31	33
浙　江	17	29	33	16
安　徽	25	38	31	12
福　建	13	26	26	18
江　西	14	29	19	7
山　东	27	33	20	12
河　南	22	28	20	14
湖　北	20	33	22	15
湖　南	32	33	12	9
广　东	19	42	38	37
广　西	18	19	15	9
海　南	4	3	4	3
重　庆	13	11	18	10
四　川	13	33	26	13
贵　州	18	8	11	7
云　南	10	22	13	11
西　藏	2	0	0	4
陕　西	24	31	17	12
甘　肃	9	17	8	7
青　海	3	5	0	3

续表

地区	比例在80% 以上的学校数量	比例在50% ~ 80%的学校数量	比例在30% ~ 50%的学校数量	比例在30%以下的学校数量
宁　夏	4	5	3	4
新　疆	8	6	8	6
总　计	496	667	499	375

3. 校企合作建设师资队伍

表6-11　不同类型高校教师队伍情况（2016年）

高校类型	专任教师（人）	拥有行业资格证书的专任教师比例（%）	拥有一年以上行业企业工作经历的专任教师比例（%）	本年度去企业实践一个月以上的专任教师比例（%）	校聘兼职教师（人）
综合大学	359 678	27.0	15.2	6.2	80 759
理工院校	440 805	30.9	19.2	7.3	105 429
农业院校	47 966	28.3	11.9	7.9	9771
林业院校	10 643	49.5	17.6	7.8	2404
医药院校	86 020	45.1	10.7	4.5	33 955
师范院校	144 010	16.1	6.1	2.9	20 050
语文院校	18 878	21.5	14.8	4.7	4548
财经院校	108 725	27.3	17.7	6.5	24 687
政法院校	15 648	31.6	6.5	3.3	2956
体育院校	7053	14.4	4.9	1.7	1045
艺术院校	26 258	22.5	17.8	5.8	6408
民族院校	13 773	13.3	5.8	0.6	1639
总计	1 279 457	28.3	15.2	6.0	293 651

表6–12　不同规格高校教师队伍情况（2016年）

高校规格	专任教师（人）	拥有行业资格证书的专任教师比例（%）	拥有一年以上行业企业工作经历的专任教师比例（%）	本年度去企业实践一个月以上的专任教师比例（%）	校聘兼职教师（人）
本科	942 342	18.4	9.7	3.1	180 023
其中：独立学院	81 064	20.0	14.9	3.9	30 218
专科	337 115	55.7	30.4	14.3	113 628
总计	1 279 457	28.3	15.2	6.0	293 651

表6–13　不同隶属高校教师队伍情况（2016年）

高校隶属	专任教师（人）	拥有行业资格证书的专任教师比例（%）	拥有一年以上行业企业工作经历的专任教师比例（%）	本年度去企业实践一个月以上的专任教师比例（%）	校聘兼职教师（人）
中央	178 616	13.1	6.3	1.0	26 661
教育部	145 002	13.7	6.7	1.0	21 622
其他部门	33 614	10.3	4.6	0.8	5039
地方	875 571	31.7	15.2	6.6	199 378
教育部门	701 921	27.0	12.7	5.4	146 590
其他部门	164 841	49.8	24.3	10.9	49 556
地方企业	8809	63.7	42.9	21.6	3232
民办	225 270	27.1	22.1	7.8	67 612
总计	1 279 457	28.3	15.2	6.0	293 651

表6-14　按“双一流”建设项目分高校教师队伍情况（2016年）

高校分类	专任教师数（人）	拥有行业资格证书的专任教师比例（%）	拥有一年以上行业企业工作经历的专任教师比例（%）	本年度去企业实践一个月以上的专任教师比例（%）	校聘兼职教师（人）
“世界一流大学”建设高校	97 149	10.9	4.9	1.1	16 156
“世界一流学科”建设高校	121 330	14.0	6.6	1.5	15 727
其他高校	1 060 978	31.5	17.1	7.0	261 768
总计	1 279 457	28.3	15.2	6.0	293 651

表6-15　不同地区高校教师队伍情况（2016年）

地区	专任教师（人）	拥有行业资格证书的专任教师比例（%）	拥有一年以上行业企业工作经历的专任教师比例（%）	本年度去企业实践一个月以上的专任教师比例（%）	校聘兼职教师（人）
北　京	57 678	17.3	9.5	0.9	9967
天　津	24 913	23.9	13.7	9.3	6610
河　北	51 660	26.8	13.5	8.7	9542
山　西	21 529	22.6	10.5	7.6	6136
内蒙古	19 869	37.2	9.4	4.2	3026
辽　宁	60 673	24.8	12.8	4.6	8613
吉　林	35 162	22.7	13.2	3.4	7212
黑龙江	36 497	26.6	11.0	4.6	5271
上　海	42 216	20.5	12.4	3.1	9026
江　苏	91 987	32.2	17.5	6.3	25 733
浙　江	55 207	25.7	20.4	9.0	17 931
安　徽	50 489	28.1	14.9	6.4	11 508
福　建	38 909	34.9	17.9	11.5	12 815
江　西	37 114	29.1	17.2	5.6	8822
山　东	72 312	29.5	15.1	6.7	16 262
河　南	65 224	30.0	12.3	6.9	14 024

续表

地区	专任教师（人）	拥有行业资格证书的专任教师比例（%）	拥有一年以上行业企业工作经历的专任教师比例（%）	本年度去企业实践一个月以上的专任教师比例（%）	校聘兼职教师（人）
湖　北	63 801	33.0	14.3	4.9	19 255
湖　南	50 420	41.3	20.5	8.2	10 446
广　东	83 863	30.4	24.7	7.8	23 205
广　西	35 306	34.0	16.1	4.9	9760
海　南	8048	20.7	11.6	2.0	2803
重　庆	33 390	31.6	23.3	11.7	9639
四　川	67 877	24.5	14.7	3.3	13 980
贵　州	25 514	41.2	15.6	8.2	3494
云　南	33 312	27.1	12.1	3.0	10 669
西　藏	2512	18.8	1.2	0.9	337
陕　西	62 815	19.6	11.4	4.9	9249
甘　肃	23 086	26.8	8.9	2.4	3138
青　海	4164	21.0	7.7	8.2	731
宁　夏	7668	17.2	12.7	9.1	1206
新　疆	16 242	36.4	11.9	5.1	3241
总　计	1 279 457	28.3	15.2	6.0	293 651

4. 高校为企业提供社会服务

表6-16　不同类型高校教师社会服务情况（2016年）

高校类型	承接企业员工培训（人次）	其中：为第二产业培训人数（人次）	其中：为第三产业培训人数（人次）	参与企业技术咨询服务的教师（人）
综合大学	1 694 919	516 438	910 012	38 348
理工院校	3 251 248	1 605 060	1 416 463	60 196
农业院校	310 640	32 069	34 749	7823
林业院校	26 858	10 459	7101	1517
医药院校	223 522	14 906	151 357	3647

续表

高校类型	承接企业员工培训（人次）	其中：为第二产业培训人数（人次）	其中：为第三产业培训人数（人次）	参与企业技术咨询服务的教师（人）
师范院校	154 355	30 511	104 697	5275
语文院校	24 835	5731	15 391	639
财经院校	447 474	81 914	314 834	13 863
政法院校	53 156	2965	37 973	1755
体育院校	4826	53	4818	83
艺术院校	39 060	11 722	25 928	1226
民族院校	6456	2848	4302	251
总计	6 237 349	2 314 676	3 027 625	134 623

表6-17　不同规格高校教师社会服务情况（2016年）

高校规格	承接企业员工培训（人次）	其中：为第二产业培训人数（人次）	其中：为第三产业培训人数（人次）	参与企业技术咨询服务的教师（人）
本科	1 263 590	448 352	702 705	86 789
其中：独立学院	28 743	10 686	16 309	2014
专科	4 973 759	1 866 324	2 324 920	47 834
总计	6 237 349	2 314 676	3 027 625	134 623

表6-18　不同隶属高校社会服务情况（2016年）

高校类型	承接企业员工培训（人次）	其中：为第二产业培训人数（人次）	其中：为第三产业培训人数（人次）	参与企业技术咨询服务的教师（人）
中央	365 132	95 007	236 991	24 616
教育部	330 406	85 808	211 485	19 858
其他部门	34 726	9199	25 506	4758
地方	5 502 528	2 084 188	2 615 122	97 638

续表

高校类型	承接企业员工培训（人次）	其中：为第二产业培训人数（人次）	其中：为第三产业培训人数（人次）	参与企业技术咨询服务的教师（人）
教育部门	2 674 026	1 011 349	1 296 544	78 974
其他部门	2 391 992	843 565	1 182 273	17 664
地方企业	436 510	229 274	136 305	1000
民办	369 689	135 481	175 512	12 369
总计	6 237 349	2 314 676	3 027 625	134 623

表6–19　按“双一流”建设项目分高校社会服务情况（2016年）

高校分类	承接企业员工培训（人次）	其中：为第二产业培训人数（人次）	其中：为第三产业培训人数（人次）	参与企业技术咨询服务的教师（人）
“世界一流大学”建设高校	222 357	50 624	138 085	13 150
“世界一流学科”建设高校	141 553	47 169	89 714	15 722
其他高校	5 873 439	2 216 883	2 799 826	105 751
总计	6 237 349	2 314 676	3 027 625	134 623

表6–20　不同地区高校社会服务情况（2016年）

地区	承接企业员工培训（人次）	其中：为第二产业培训人数（人次）	其中：为第三产业培训人数（人次）	参与企业技术咨询服务的教师（人）
北　京	269 969	45 112	214 868	6874
天　津	220 510	37 684	101 217	1114
河　北	178 746	83 114	81 723	3647
山　西	121 102	79 401	60 290	962
内蒙古	70 316	40 046	18 365	551
辽　宁	293 799	132 560	45 785	4450
吉　林	65 081	33 563	23 775	850

续表

地区	承接企业员工培训（人次）	其中：为第二产业培训人数（人次）	其中：为第三产业培训人数（人次）	参与企业技术咨询服务的教师（人）
黑龙江	114 719	70 792	36 417	1779
上　海	159 508	64 184	85 278	2704
江　苏	760 352	201 552	260 010	22 777
浙　江	606 134	186 950	272 937	7467
安　徽	173 826	120 512	46 148	4178
福　建	363 707	125 361	150 820	5523
江　西	120 825	87 549	25 543	3169
山　东	313 404	111 246	171 039	9571
河　南	162 783	103 359	51 009	6618
湖　北	154 938	56 852	88 173	7909
湖　南	285 587	96 482	166 579	6077
广　东	619 175	129 251	438 289	8992
广　西	143 028	36 833	104 412	3829
海　南	39 420	3384	32 953	212
重　庆	120 392	84 932	28 587	2274
四　川	333 120	33 346	285 907	4647
贵　州	89 521	39 725	45 084	2754
云　南	71 122	114 171	50 391	2184
西　藏	6673	5000	2953	49
陕　西	206 034	83 918	87 094	10 615
甘　肃	98 601	82 220	15 084	1627
青　海	10 897	8342	2565	161
宁　夏	17 837	6547	7320	390
新　疆	46 223	10 688	27 010	669
总　计	6 237 349	2 314 676	3 027 625	134 623

5. 校企合作开展科研项目

表6-21　不同类型高校校企合作开展科研项目情况（2016年）

高校类型	校企共建科研机构（个）	与省内企业合作开展科研项目			与省外企业合作开展科研项目		
		项目数量（项）	合同金额（亿元）	当年实际收入（亿元）	项目数量（项）	合同金额（亿元）	当年实际收入（亿元）
综合大学	1667	22 624	75.10	45.70	11 107	52.17	37.81
理工院校	2430	31 429	112.95	76.55	19 967	112.93	76.95
农业院校	212	2824	5.09	3.18	1607	4.93	2.00
林业院校	64	895	1.65	1.49	362	1.24	0.93
医药院校	199	1044	2.57	2.01	672	3.53	1.56
师范院校	382	4139	8.02	6.50	1051	2.79	2.10
语文院校	15	298	0.49	0.29	69	0.13	0.08
财经院校	254	2151	2.33	1.60	852	1.88	1.06
政法院校	9	278	0.26	0.22	120	0.14	0.15
体育院校	8	67	0.06	0.05	25	0.04	0.03
艺术院校	92	187	0.27	0.19	75	0.55	0.34
民族院校	27	126	0.18	0.12	45	0.16	0.08
总计	5359	66 062	208.98	137.89	35 952	180.49	123.10

表6-22　不同规格高校校企合作开展科研项目情况（2016年）

高校规格	校企共建科研机构（个）	与省内企业合作开展科研项目			与省外企业合作开展科研项目		
		项目数量（项）	合同金额（亿元）	当年实际收入（亿元）	项目数量（项）	合同金额（亿元）	当年实际收入（亿元）
本科	3644	60 303	202.70	133.37	35 039	177.93	122.09
其中：独立学院	190	1086	1.97	1.12	233	0.38	0.21
专科	1715	5759	6.29	4.52	913	2.56	1.01
总计	5359	66 062	208.98	137.89	35 952	180.49	123.10

表6-23 不同隶属高校校企合作开展科研项目情况（2016年）

高校隶属	校企共建科研机构（个）	与省内企业合作开展科研项目			与省外企业合作开展科研项目		
		项目数量（项）	合同金额（亿元）	当年实际收入（亿元）	项目数量（个）	合同金额（亿元）	当年实际收入（亿元）
中央	780	21 426	98.57	64.64	21 233	132.85	85.99
教育部	676	19 414	88.13	55.77	18 394	113.97	72.33
其他部门	104	2012	10.44	8.87	2839	18.87	13.66
地方	3701	42 100	106.91	70.88	14 139	46.54	36.51
教育部门	2892	39 226	102.80	68.00	13 695	45.76	36.07
其他部门	780	2827	4.07	2.85	430	0.75	0.42
地方企业	29	47	0.04	0.03	14	0.03	0.02
民办	878	2536	3.51	2.37	580	1.10	0.60
总计	5359	66 062	208.98	137.89	35 952	180.49	123.10

表6-24 按“双一流”建设项目分高校校企合作开展科研项目情况（2016年）

高校分类	校企共建科研机构（个）	与省内企业合作开展科研项目			与省外企业合作开展科研项目		
		项目数量（项）	合同金额（亿元）	当年实际收入（亿元）	项目数量（项）	合同金额（亿元）	当年实际收入（亿元）
“世界一流大学”建设高校	380	14 091	73.93	47.50	11 967	88.71	52.64
“世界一流学科”建设高校	640	12 294	41.00	30.39	11 476	47.57	39.68
其他高校	4339	39 677	94.06	60.00	12 509	44.20	30.78
总计	5359	66 062	208.98	137.89	35 952	180.49	123.10

表6–25　不同地区高校校企合作开展科研项目情况（2016年）

地区	校企共建科研机构（个）	与省内企业合作开展科研项目			与省外企业合作开展科研项目		
		项目数量（项）	合同金额（亿元）	当年实际收入（亿元）	项目数量（个）	合同金额（亿元）	当年实际收入（亿元）
北　京	302	5885	31.54	19.79	5889	45.65	26.99
天　津	94	861	1.96	1.07	819	2.21	1.58
河　北	181	803	1.40	1.00	386	1.39	1.18
山　西	39	467	1.13	1.25	382	0.77	0.72
内蒙古	19	231	0.23	0.23	72	0.14	0.12
辽　宁	138	2367	15.20	9.75	1817	14.20	7.77
吉　林	63	875	1.70	1.51	846	3.59	2.43
黑龙江	78	700	1.77	1.10	676	2.13	1.17
上　海	115	5025	18.12	11.79	3919	20.49	14.76
江　苏	932	10 698	33.53	24.21	4778	22.80	18.22
浙　江	477	6591	19.07	8.28	1413	6.86	3.18
安　徽	160	1601	2.77	1.67	581	1.61	0.73
福　建	227	1816	3.38	2.88	500	1.80	1.43
江　西	126	820	2.07	1.75	329	0.92	0.80
山　东	240	2012	6.93	4.12	887	6.01	2.90
河　南	194	1321	2.74	1.91	505	1.31	0.68
湖　北	308	4640	10.50	7.08	3201	10.64	6.75
湖　南	185	2031	8.94	7.93	1289	5.20	3.71
广　东	515	5522	15.47	12.41	992	4.98	4.28
广　西	184	1126	1.74	1.48	220	0.18	0.14
海　南	20	132	0.22	0.16	43	0.16	0.07
重　庆	118	1935	4.07	2.91	1112	3.54	2.38
四　川	281	2353	4.94	2.76	1683	8.38	8.33
贵　州	61	798	0.76	0.60	252	0.35	0.34
云　南	21	814	1.38	0.87	161	0.62	0.31
西　藏	1	0	0.00	0.00	0	0.00	0.00
陕　西	177	3156	14.40	7.96	2655	13.12	11.18
甘　肃	57	1014	2.45	1.01	480	1.21	0.82

续表

地区	校企共建科研机构（个）	与省内企业合作开展科研项目			与省外企业合作开展科研项目		
		项目数量（项）	合同金额（亿元）	当年实际收入（亿元）	项目数量（个）	合同金额（亿元）	当年实际收入（亿元）
青　海	0	13	0.03	0.02	1	0.01	0.01
宁　夏	21	36	0.03	0.02	12	0.05	0.01
新　疆	25	419	0.52	0.35	52	0.17	0.11
总　计	5359	66 062	208.98	137.89	35 952	180.49	123.10

6. 校企合作专利申请与授权

表6–26　不同类型高校校企合作专利申请与授权情况（2016年）

高校类型	来自校企合作项目的发明专利申请占发明专利申请总量的比例（%）	来自校企合作项目的发明专利授权占发明专利授权总量的比例（%）
综合大学	23.1	26.6
理工院校	26.2	31.1
农业院校	17.4	26.7
林业院校	39.4	30.7
医药院校	16.2	17.8
师范院校	21.8	18.5
语文院校	30.6	51.5
财经院校	12.9	18.3
政法院校	10.3	4.5
体育院校	3.6	7.7
艺术院校	27.1	50.0
民族院校	14.2	22.7
总计	24.4	28.4

表6-27　不同规格高校企合作专利申请与授权情况（2016年）

高校规格	来自校企合作项目的发明专利申请占发明专利申请总量的比例（%）	来自校企合作项目的发明专利授权占发明专利授权总量的比例（%）
本科	24.1	28.0
其中：独立学院	22.3	47.6
专科	34.1	41.4
总计	24.4	28.4

表6-28　不同隶属高校校企合作专利申请与授权情况（2016年）

高校隶属	来自校企合作项目的发明专利申请占发明专利申请总量的比例（%）	来自校企合作项目的发明专利授权占发明专利授权总量的比例（%）
中央	21.2	26.8
教育部	19.3	26.6
其他部门	34.1	28.3
地方	27.7	29.9
教育部门	27.3	29.5
其他部门	34.3	38.7
地方企业	31.0	55.0
民办	21.9	38.4
总计	24.4	28.4

表6-29　按“双一流”建设项目分高校校企合作专利申请与授权情况（2016年）

高校分类	来自校企合作项目的发明专利申请占发明专利申请总量的比例（%）	来自校企合作项目的发明专利授权占发明专利授权总量的比例（%）
“世界一流大学”建设高校	19.8	22.6
“世界一流学科”建设高校	22.2	29.8
其他高校	28.7	32.3
总计	24.4	28.4

表6-30　不同地区高校校企合作专利申请与授权情况（2016年）

地区	来自校企合作项目的发明专利申请占发明专利申请总量的比例（%）	来自校企合作项目的发明专利授权占发明专利授权总量的比例（%）
北　京	21.8	23.4
天　津	18.4	22.6
河　北	6.5	14.7
山　西	44.1	40.5
内蒙古	10.3	7.1
辽　宁	34.8	28.6
吉　林	7.5	7.3
黑龙江	12.0	11.6
上　海	30.8	33.7
江　苏	38.3	36.1
浙　江	26.0	30.1
安　徽	12.9	11.8
福　建	15.5	14.2
江　西	13.2	15.0
山　东	34.0	39.9
河　南	30.9	46.6
湖　北	6.0	13.8
湖　南	28.7	25.8
广　东	17.8	16.9
广　西	13.0	15.2
海　南	12.3	73.8
重　庆	58.0	66.5
四　川	32.9	31.9
贵　州	52.9	48.5
云　南	3.0	2.0
西　藏	3.6	0.0
陕　西	28.0	28.3
甘　肃	47.8	73.6
青　海	0.0	6.7

续表

地区	来自校企合作项目的发明专利申请占发明专利申请总量的比例（%）	来自校企合作项目的发明专利授权占发明专利授权总量的比例（%）
宁　夏	31.7	39.5
新　疆	10.3	15.7
总　计	24.4	28.4

（二）学校开展创新创业教育情况

表6-31　不同类型高校创新创业课程、项目及获奖情况（截至2016年）

高校类型	创新创业课程（门）	在校生创业项目（个）	国家级创新创业大赛奖项（项）
综合大学	6703	23 559	6520
理工院校	9038	25 202	13 964
农业院校	656	2743	1457
林业院校	155	499	59
医药院校	901	3315	193
师范院校	1747	10 095	1078
语文院校	452	1291	144
财经院校	1855	6659	1144
政法院校	201	783	9
体育院校	39	452	19
艺术院校	559	1925	32
民族院校	154	908	747
总计	22 460	77 431	25 366

表6-32　不同规格高校创新创业课程、项目及获奖情况（截至2016年）

高校规格	创新创业课程（门）	在校生创业项目（个）	国家级创新创业大赛奖项（项）
本科	17 776	61 090	24 168
其中： 独立学院	1593	5359	642
专科	4684	16 341	1198
总计	22 460	77 431	25 366

表6-33　不同隶属高校创新创业课程、项目及获奖情况（截至2016年）

高校隶属	创新创业课程（门）	在校生创业项目（个）	国家级创新创业大赛奖项（项）
中央	4756	9159	9936
教育部	4282	7644	8566
其他部门	474	1515	1370
地方	13 839	55 129	13 708
教育部门	11 335	45 287	12 876
其他部门	2352	9528	810
地方企业	152	314	22
民办	3865	13 143	1722
总计	22 460	77 431	25 366

表6-34　按“双一流”建设项目分高校创新创业课程、项目及获奖情况（截至2016年）

高校分类	创新创业课程（门）	在校生创业项目（个）	国家级创新创业大赛奖项（项）
“世界一流大学”建设高校	3390	5085	7016
“世界一流学科”建设高校	2107	8411	2619
其他高校	16 963	63 935	15 731
总计	22 460	77 431	25 366

表6–35　不同地区高校创新创业课程、项目及获奖情况（截至2016年）

地区	创新创业课程（门）	在校生创业项目（个）	国家级创新创业大赛奖项（项）
北　京	912	3038	1560
天　津	376	1629	162
河　北	617	2295	363
山　西	160	720	44
内蒙古	149	434	142
辽　宁	1253	4100	2949
吉　林	464	2385	1116
黑龙江	718	2505	967
上　海	882	3168	914
江　苏	1357	5244	1340
浙　江	1539	4698	717
安　徽	638	2318	1280
福　建	1525	3765	617
江　西	569	2452	706
山　东	1963	3625	2728
河　南	619	4907	303
湖　北	765	3742	727
湖　南	534	2790	944
广　东	1263	4634	1378
广　西	514	4317	148
海　南	119	595	116
重　庆	437	2039	880
四　川	2928	4600	3665
贵　州	274	1219	63
云　南	352	1292	107
西　藏	126	108	30
陕　西	636	2270	933
甘　肃	516	1065	149

续表

地区	创新创业课程（门）	在校生创业项目（个）	国家级创新创业大赛奖项（项）
青　海	85	108	18
宁　夏	75	420	255
新　疆	95	949	45
总　计	22 460	77 431	25 366

（三）创新成果转化情况

1. 学校设立成果转化平台情况

表6-36　不同类型高校建立成果转化与扩散机构情况（2016年）

高校类型	建立专门的技术成果转化与扩散机构（所）	建立专门的技术成果转化与扩散网站（所）
综合大学	190	120
理工院校	301	175
农业院校	37	27
林业院校	9	6
医药院校	66	30
师范院校	67	35
语文院校	5	4
财经院校	45	18
政法院校	6	1
体育院校	6	5
艺术院校	15	3
民族院校	6	3
总计	753	427

表6-37　不同规格高校建立成果转化与扩散专门机构情况（2016年）

高校规格	建立专门的技术成果转化与扩散机构（所）	建立专门的技术成果转化与扩散网站（所）
本科	503	308
其中： 独立学院	41	19
专科	250	119
总计	753	427

表6-38　不同隶属高校建立成果转化与扩散专门机构情况（2016年）

高校隶属	建立专门的技术成果转化与扩散机构（所）	建立专门的技术成果转化与扩散网站（所）
中央	68	51
教育部	54	42
其他部门	14	9
地方	552	314
教育部门	419	255
其他部门	126	58
地方企业	7	1
民办	133	62
总计	753	427

表6-39　按“双一流”建设项目分高校建立成果转化与扩散专门机构情况（2016年）

高校分类	建立专门的技术成果转化与扩散机构（所）	建立专门的技术成果转化与扩散网站（所）
“世界一流大学”建设高校	33	25
“世界一流学科”建设高校	59	49
其他高校	661	353
总计	753	427

表6-40　不同地区高校建立成果转化与扩散专门机构情况（2016年）

地区	建立专门的技术成果转化与扩散机构（所）	建立专门的技术成果转化与扩散网站（所）
北　京	28	14
天　津	20	13
河　北	24	17
山　西	7	5
内蒙古	6	1
辽　宁	44	17
吉　林	21	16
黑龙江	28	13
上　海	23	15
江　苏	70	53
浙　江	28	18
安　徽	31	14
福　建	39	26
江　西	30	21
山　东	38	20
河　南	36	20
湖　北	41	26
湖　南	29	12
广　东	38	19
广　西	19	10
海　南	4	2
重　庆	26	11
四　川	35	20
贵　州	17	9
云　南	15	4
西　藏	0	0
陕　西	32	17
甘　肃	14	8
青　海	0	1
宁　夏	5	3
新　疆	5	2
总　计	753	427

2. 学校专利实施情况

表6-41 不同类型高校专利实施情况（2016年）

高校类型	许可实施专利（项）	转让实施专利（项）	技术入股实施专利（项）	与其他单位或个人共同实施专利（项）	自行实施专利（项）
综合大学	531	1159	125	327	1471
理工院校	2192	1593	501	1390	6651
农业院校	90	111	15	101	769
林业院校	609	163	119	94	88
医药院校	32	55	3	29	324
师范院校	124	303	13	77	360
语文院校	0	0	0	2	9
财经院校	64	39	12	33	240
政法院校	3	0	0	3	54
体育院校	0	2	2	0	14
艺术院校	119	0	0	67	280
民族院校	0	6	1	1	16
总计	3764	3431	791	2124	10 276

表6-42 不同规格高校专利实施情况（2016年）

高校规格	许可实施专利（项）	转让实施专利（项）	技术入股实施专利（项）	与其他单位或个人共同实施专利（项）	自行实施专利（项）
本科	3376	3084	760	1777	6542
其中：独立学院	26	25	2	9	232
专科	388	347	31	347	3734
总计	3764	3431	791	2124	10 276

表6-43　不同隶属高校专利实施情况（2016年）

高校隶属	许可实施专利（项）	转让实施专利（项）	技术入股实施专利（项）	与其他单位或个人共同实施专利（项）	自行实施专利（项）
中央	1271	1248	349	720	1276
教育部	915	1004	150	599	258
其他部门	356	244	199	121	1018
地方	2435	2115	433	1333	7535
教育部门	2338	1989	415	1109	5915
其他部门	89	126	18	220	1573
地方企业	8	0	0	4	47
民办	58	68	9	71	1465
总计	3764	3431	791	2124	10 276

表6-44　按“双一流”建设项目分高校专利实施情况（2016年）

高校分类	许可实施专利（项）	转让实施专利（项）	技术入股实施专利（项）	与其他单位或个人共同实施专利（项）	自行实施专利（项）
“世界一流大学”建设高校	936	839	254	695	986
“世界一流学科”建设高校	1230	704	174	183	734
其他高校	1598	1888	363	1246	8556
总计	3764	3431	791	2124	10 276

表6-45　不同地区高校专利实施情况（2016年）

地区	许可实施专利（项）	转让实施专利（项）	技术入股实施专利（项）	与其他单位或个人共同实施专利（项）	自行实施专利（项）
北　京	596	334	155	528	1062
天　津	7	48	0	4	117
河　北	14	27	0	19	260

续表

地区	许可实施专利（项）	转让实施专利（项）	技术入股实施专利（项）	与其他单位或个人共同实施专利（项）	自行实施专利（项）
山　西	3	20	0	18	44
内蒙古	1	3	0	3	44
辽　宁	68	95	33	34	220
吉　林	6	25	8	10	59
黑龙江	19	49	76	4	64
上　海	141	306	10	38	597
江　苏	1224	768	135	191	1421
浙　江	171	338	24	81	729
安　徽	11	54	11	24	490
福　建	34	67	3	16	114
江　西	35	39	7	27	431
山　东	46	54	23	53	161
河　南	112	245	10	114	1685
湖　北	86	155	72	89	160
湖　南	574	177	127	140	568
广　东	148	209	25	130	519
广　西	23	44	0	47	121
海　南	0	0	0	0	17
重　庆	102	60	21	74	354
四　川	122	55	7	206	315
贵　州	8	8	1	6	89
云　南	2	25	3	28	28
西　藏	0	1	0	4	4
陕　西	199	199	37	191	416
甘　肃	8	11	3	26	126
青　海	0	0	0	0	8
宁　夏	0	1	0	2	5
新　疆	4	14	0	17	48
总　计	3764	3431	791	2124	10 276

3. 学校知识产权出售情况

表6-46 不同类型高校知识产权出售情况（2016年）

高校类型	专利所有权出售合同			其他知识产权出售		
	合同数量（个）	合同金额（亿元）	当年实际收入（亿元）	合同数量（个）	合同金额（亿元）	当年实际收入（亿元）
综合大学	1076	5.16	2.22	105	0.73	0.56
理工院校	1533	7.12	5.64	337	0.91	0.53
农业院校	136	0.26	0.19	94	1.57	0.50
林业院校	74	0.33	0.28	19	0.11	0.09
医药院校	42	0.30	0.12	2	0.02	0.01
师范院校	148	0.24	0.12	69	0.17	0.12
语文院校	0	0.00	0.00	0	0.00	0.00
财经院校	81	0.15	0.11	34	0.04	0.03
政法院校	0	0.00	0.00	0	0.00	0.00
体育院校	3	0.01	0.00	1	0.02	0.00
艺术院校	0	0.00	0.00	1	0.00	0.00
民族院校	5	0.02	0.01	0	0.00	0.01
总计	3098	13.58	8.68	662	3.56	1.86

表6-47 不同类型高校知识产权出售情况（2016年）

高校类型	专利所有权出售合同			其他知识产权出售		
	合同数量（个）	合同金额（亿元）	当年实际收入（亿元）	合同数量（个）	合同金额（亿元）	当年实际收入（亿元）
本科	2787	13.47	8.59	634	3.55	1.85
其中：独立学院	8	0.01	0.05	1	0.00	0.00
专科	311	0.11	0.10	28	0.01	0.01
总计	3098	13.58	8.68	662	3.56	1.86

表6-48 不同隶属高校知识产权出售情况（2016年）

高校隶属	专利所有权出售合同			其他知识产权出售		
	合同数量（个）	合同金额（亿元）	当年实际收入（亿元）	合同数量（个）	合同金额（亿元）	当年实际收入（亿元）
中央	1128	10.77	6.80	142	2.00	0.91
教育部	850	6.70	3.41	125	1.90	0.84
其他部门	278	4.07	3.39	17	0.10	0.08
地方	1950	2.79	1.82	518	1.56	0.94
教育部门	1855	2.72	1.76	482	1.53	0.93
其他部门	95	0.07	0.06	36	0.03	0.01
地方企业	0	0.00	0.00	0	0.00	0.00
民办	20	0.02	0.06	2	0.00	0.00
总计	3098	13.58	8.68	662	3.56	1.86

表6-49 按“双一流”建设项目分高校知识产权出售情况（2016年）

高校分类	专利所有权出售合同			其他知识产权出售		
	合同数量（个）	合同金额（亿元）	当年实际收入（亿元）	合同数量（个）	合同金额（亿元）	当年实际收入（亿元）
“世界一流大学”建设高校	703	8.96	5.58	76	1.10	0.51
“世界一流学科”建设高校	823	2.58	1.87	82	0.97	0.45
其他高校	1572	2.04	1.23	504	1.50	0.90
总计	3098	13.58	8.68	662	3.56	1.86

表6-50　不同地区高校知识产权出售情况（2016年）

地区	专利所有权出售合同			其他知识产权出售		
	合同数量（个）	合同金额（亿元）	当年实际收入（亿元）	合同数量（个）	合同金额（亿元）	当年实际收入（亿元）
北　京	278	4.53	3.79	45	0.78	0.20
天　津	47	0.03	0.03	0	0.00	0.00
河　北	36	0.02	0.02	6	0.00	0.00
山　西	13	0.02	0.02	0	0.00	0.00
内蒙古	3	0.02	0.00	7	0.00	0.00
辽　宁	86	0.27	0.11	9	0.00	0.01
吉　林	17	0.07	0.06	3	0.01	0.00
黑龙江	41	0.08	0.06	18	0.06	0.05
上　海	272	2.48	0.71	5	0.01	0.00
江　苏	729	1.96	1.36	61	0.44	0.21
浙　江	282	1.04	0.90	87	0.54	0.40
安　徽	50	0.49	0.10	14	0.04	0.03
福　建	60	0.13	0.06	7	0.01	0.00
江　西	37	0.05	0.04	24	0.06	0.06
山　东	74	0.17	0.07	18	0.15	0.04
河　南	58	0.09	0.08	12	0.14	0.09
湖　北	112	0.48	0.27	66	0.74	0.26
湖　南	102	0.20	0.12	17	0.07	0.06
广　东	246	0.29	0.21	22	0.12	0.09
广　西	64	0.04	0.03	27	0.05	0.03
海　南	0	0.00	0.00	1	0.00	0.00
重　庆	89	0.04	0.04	170	0.27	0.23
四　川	202	0.28	0.21	17	0.02	0.01
贵　州	10	0.02	0.02	5	0.01	0.01
云　南	24	0.02	0.02	0	0.00	0.00
西　藏	1	0.00	0.00	0	0.00	0.00
陕　西	143	0.71	0.34	20	0.04	0.04
甘　肃	12	0.00	0.00	1	0.00	0.00

续表

地区	专利所有权出售合同			其他知识产权出售		
	合同数量（个）	合同金额（亿元）	当年实际收入（亿元）	合同数量（个）	合同金额（亿元）	当年实际收入（亿元）
青　海	0	0.00	0.00	0	0.00	0.00
宁　夏	2	0.00	0.00	0	0.00	0.00
新　疆	8	0.03	0.02	0	0.00	0.00
总　计	3098	13.58	8.68	662	3.56	1.86

4. 学校技术转让情况

表6–51　不同类型高校技术转让情况（2016年）

高校类型	技术转让			其中：省内技术转让			以知识产权投资形式注册企业（家）	以知识产权投资形式注册企业股权作价（万元）
	合同数量（个）	合同金额（亿元）	当年实际收入（亿元）	合同数量（个）	合同金额（亿元）	当年实际收入（亿元）		
综合大学	3401	15.01	6.32	2595	9.73	3.97	64	72 208.6
理工院校	5866	26.76	17.63	3483	12.39	8.84	115	86 353.4
农业院校	459	2.26	0.99	264	0.73	0.41	11	3795.8
林业院校	153	0.65	0.41	85	0.43	0.26	8	675.0
医药院校	292	2.03	1.17	177	0.67	0.65	9	4890.0
师范院校	463	0.64	0.47	317	0.34	0.26	19	5377.8
语文院校	0	0.00	0.00	0	0.00	0.00	0	0.0
财经院校	124	0.17	0.14	84	0.08	0.08	1	10.0
政法院校	1	0.03	0.01	0	0.00	0.00	0	0.0
体育院校	1	0.01	0.00	1	0.01	0.00	2	550.0
艺术院校	4	0.00	0.00	4	0.00	0.00	0	0.0
民族院校	1	0.00	0.00	1	0.00	0.00	1	152.4
总计	10 765	47.56	27.13	7011	24.38	14.46	230	174 013.0

表6-52 不同规格高校技术转让情况（2016年）

高校规格	技术转让			其中：省内技术转让			以知识产权投资形式注册企业（家）	以知识产权投资形式注册企业股权作价（万元）
	合同数量（个）	合同金额（亿元）	当年实际收入（亿元）	合同数量（个）	合同金额（亿元）	当年实际收入（亿元）		
本科	9856	46.73	26.36	6226	23.65	13.77	219	172 373.0
其中：独立学院	102	0.07	0.05	85	0.06	0.05	1	50.0
专科	909	0.83	0.77	785	0.73	0.69	11	1640.0
总计	10 765	47.56	27.13	7011	24.38	14.46	230	174 013.0

表6-53 不同隶属高校技术转让情况（2016年）

高校隶属	技术转让			其中：省内技术转让			以知识产权投资形式注册企业（家）	以知识产权投资形式注册企业股权作价（万元）
	合同数量（个）	合同金额（亿元）	当年实际收入（亿元）	合同数量（个）	合同金额（亿元）	当年实际收入（亿元）		
中央	2755	23.85	13.51	1180	8.20	5.51	111	95 211.5
教育部	1664	13.02	7.16	914	5.33	3.78	76	71 852.6
其他部门	1091	10.82	6.35	266	2.87	1.73	35	23 358.9
地方	7766	23.55	13.50	5632	16.04	8.85	109	76 846.6
教育部门	7102	22.78	12.85	5060	15.36	8.21	105	75 786.6
其他部门	662	0.76	0.65	571	0.68	0.64	4	1060.0
地方企业	2	0.00	0.00	1	0.00	0.00	0	0.0
民办	244	0.17	0.12	199	0.14	0.10	10	1955.0
总计	10 765	47.56	27.13	7011	24.38	14.46	230	174 013.0

表6-54 按“双一流”建设项目分高校技术转让情况（2016年）

高校分类	技术转让			其中：省内技术转让			以知识产权投资形式注册企业（家）	以知识产权投资形式注册企业股权作价（万元）
	合同数量（个）	合同金额（亿元）	当年实际收入（亿元）	合同数量（个）	合同金额（亿元）	当年实际收入（亿元）		
“世界一流大学”建设高校	1127	13.97	7.79	592	5.81	3.87	66	69 687.0
“世界一流学科”建设高校	2870	14.47	8.22	1282	4.51	2.98	54	71 855.3
其他高校	6768	19.12	11.12	5137	14.06	7.61	110	32 470.8
总计	10 765	47.56	27.13	7011	24.38	14.46	230	174 013.0

表6-55 不同地区高校技术转让情况（2016年）

地区	技术转让			其中：省内技术转让			以知识产权投资形式注册企业（家）	以知识产权投资形式注册企业股权作价（万元）
	项目数量（项）	合同金额（亿元）	当年实际收入（亿元）	合作数量（个）	合同金额（亿元）	当年实际收入（亿元）		
北　京	484	8.69	5.40	266	4.39	3.00	27	5023.0
天　津	270	0.69	0.55	130	0.28	0.19	0	14 804.6
河　北	220	0.31	0.19	146	0.20	0.14	2	1406.0
山　西	213	0.63	0.62	151	0.46	0.46	0	2505.0
内蒙古	27	0.07	0.03	16	0.01	0.01	0	31 692.7
辽　宁	268	1.65	0.75	143	0.27	0.17	4	0.0
吉　林	178	0.77	0.37	148	0.46	0.22	6	350.0
黑龙江	676	4.90	2.51	80	0.16	0.11	30	0.0
上　海	542	3.73	1.06	229	0.57	0.20	10	10.0
江　苏	2699	9.69	6.01	2065	6.72	4.15	32	1212.2
浙　江	451	1.89	1.37	361	1.34	0.87	5	11 035.0
安　徽	424	1.31	0.52	304	1.01	0.34	7	15 127.0
福　建	363	0.73	0.59	260	0.56	0.43	10	1332.5
江　西	107	0.34	0.24	60	0.25	0.16	5	4275.0

续表

地区	技术转让			其中：省内技术转让			以知识产权投资形式注册企业（家）	以知识产权投资形式注册企业股权作价（万元）
	项目数量（项）	合同金额（亿元）	当年实际收入（亿元）	合作数量（个）	合同金额（亿元）	当年实际收入（亿元）		
山　东	392	0.51	0.35	311	0.41	0.27	4	31 267.7
河　南	220	0.32	0.30	184	0.17	0.19	2	770.0
湖　北	197	0.95	0.49	131	0.40	0.22	27	1363.0
湖　南	146	0.46	0.27	79	0.36	0.21	6	0.0
广　东	861	3.82	1.15	801	3.65	1.03	11	0.0
广　西	50	0.05	0.03	26	0.03	0.02	0	0.0
海　南	61	0.13	0.07	42	0.08	0.04	0	1954.7
重　庆	817	2.77	2.29	486	1.28	1.15	11	0.0
四　川	527	1.73	1.08	227	0.53	0.38	8	17 260.0
贵　州	14	0.02	0.03	14	0.02	0.03	4	15 929.0
云　南	25	0.10	0.02	25	0.10	0.01	3	6300.0
西　藏	1	0.00	0.00	1	0.00	0.00	0	0.0
陕　西	361	1.08	0.63	185	0.47	0.28	6	0.0
甘　肃	38	0.19	0.19	29	0.13	0.13	10	0.0
青　海	0	0.00	0.00	0	0.00	0.00	0	1913.8
宁　夏	2	0.00	0.00	1	0.00	0.00	0	7641.0
新　疆	131	0.01	0.01	110	0.06	0.06	0	841.0
总　计	10 765	47.56	27.13	7011	24.38	14.46	230	174 013.0

七、高校教师参与创新情况

监测结果显示，2016年，在同时担任教学和科研工作的高校教师中，有39.9%的人每周花20小时以上开展科研及学术活动，40.2%的人每周花20小时以上开展教学活动，56.0%的人每周花5小时以上参与社会服务活动。有83.1%和77.2%的高校教师吸纳过本科生、研究生参与科研项目。有56.0%的高校教师在过去3年中与企事业单位开展合作，共同培养学生。

2016年，有50.3%的高校教师与企事业单位合作开展过科研创新，其中18.2%的教师参与产品研发，12.9%的教师参与工艺、技术改进，26.5的教师参与咨询服务。有34.5%的高校教师在近3年中承担过横向项目，其中人均承担横向项目2.7个，人均项目总金额51.3万元。有14.1%的高校教师在过去3年实现了创新成果转化，同时29.2%的教师有创新成果需要转化。

（一）科技育人工作

1．对科研、教学和社会服务工作的投入

表7–1　按高校类型分高校教师每周科研、教学和社会服务时间的人员分布

单位：%

活动类型	高校类型	平均每周花费相应时间的教师比例					合计
		5小时以下	5～12小时	13～20小时	21～30小时	30小时以上	
科研活动	理工院校	7.3	22.8	28.1	15.5	26.2	100.0
	农林院校	8.7	22.2	26.3	15.1	27.8	100.0
	医药院校	11.2	29.0	26.0	10.5	23.4	100.0
	综合大学	9.9	22.1	24.5	14.5	29.1	100.0
	其他高校	13.1	27.2	25.2	12.8	21.7	100.0
	总计	9.8	24.2	26.2	14.1	25.8	100.0
教学活动	理工院校	3.1	19.0	37.8	19.7	20.4	100.0
	农林院校	5.4	18.1	34.8	20.0	21.7	100.0
	医药院校	6.7	27.7	32.9	15.4	17.3	100.0
	综合大学	4.3	21.3	35.4	19.1	19.9	100.0
	其他高校	3.7	18.3	33.2	19.2	25.7	100.0
	总计	4.2	20.3	35.4	19.0	21.2	100.0
社会服务	理工院校	40.8	38.8	13.2	3.5	3.8	100.0
	农林院校	45.2	34.9	11.7	2.8	5.4	100.0
	医药院校	51.2	34.1	8.9	2.5	3.4	100.0
	综合大学	42.4	38.0	12.7	2.8	4.0	100.0
	其他高校	46.2	36.5	10.6	2.8	4.0	100.0
	总计	44.0	37.2	11.9	3.0	4.0	100.0

表7–2　按高校隶属分高校教师每周教学、科研和社会服务时间的人员分布

单位：%

活动类型	高校隶属	平均每周花费相应时间的教师比例					合计
		5小时以下	5～12小时	13～20小时	21～30小时	30小时以上	
科研活动	中央	4.3	13.3	24.7	17.3	40.3	100.0
	中央教育部门	5.0	13.7	25.2	17.0	39.2	100.0
	中央其他部门	1.7	11.6	22.9	18.8	45.1	100.0
	地方	10.2	25.3	26.5	13.8	24.3	100.0
	地方教育部门	9.7	24.6	26.6	14.1	25.0	100.0
	地方其他部门	19.3	39.0	24.8	7.5	9.5	100.0
	民办	23.9	41.3	19.7	6.6	8.5	100.0
	总计	9.8	24.2	26.2	14.1	25.8	100.0
教学活动	中央	6.1	24.6	38.4	15.9	15.1	100.0
	中央教育部门	5.8	24.8	38.6	15.7	15.2	100.0
	中央其他部门	7.2	23.9	37.9	16.4	14.7	100.0
	地方	4.0	19.9	35.1	19.3	21.8	100.0
	地方教育部门	4.0	20.1	35.4	19.2	21.4	100.0
	地方其他部门	4.1	15.6	29.2	21.2	30.0	100.0
	民办	2.8	13.6	30.5	23.0	30.1	100.0
	总计	4.2	20.3	35.4	19.0	21.2	100.0
社会服务	中央	37.9	43.8	12.8	1.8	3.8	100.0
	中央教育部门	38.7	43.4	12.6	1.3	3.9	100.0
	中央其他部门	34.5	45.1	13.7	3.8	3.1	100.0
	地方	44.5	36.5	11.7	3.2	4.1	100.0
	地方教育部门	44.4	36.6	11.8	3.2	4.0	100.0
	地方其他部门	47.5	35.3	9.8	2.4	5.1	100.0
	民办	53.5	28.2	13.2	2.4	2.8	100.0
	总计	44.0	37.2	11.9	3.0	4.0	100.0

表7-3 按“双一流”建设项目分高校教师每周教学、科研和社会服务时间的人员分布

单位：%

活动类型	高校分类	平均每周花费相应时间的教师比例					合计
		5小时以下	5~12小时	13~20小时	21~30小时	30小时以上	
科研活动	“双一流”建设高校	5.5	15.0	24.8	17.7	37.2	100.0
	其他高校	11.1	27.0	26.6	13.0	22.4	100.0
	总计	9.8	24.2	26.2	14.1	25.8	100.0
教学活动	“双一流”建设高校	6.1	24.3	37.1	17.4	15.1	100.0
	其他高校	3.6	19.1	34.8	19.5	23.0	100.0
	总计	4.2	20.3	35.4	19.0	21.2	100.0
社会服务	“双一流”建设高校	40.3	39.7	13.1	3.0	3.8	100.0
	其他高校	45.0	36.4	11.5	3.0	4.1	100.0
	总计	44.0	37.2	11.9	3.0	4.0	100.0

2. 对教学科研关系的态度

表7-4 按高校类型分高校教师对教学科研关系的态度

单位：%

高校类型	对教学科研关系的看法			对教学与科研的平衡		
	科研对于教学的促进大于教学对于科研的促进	教学对于科研的促进大于科研对于教学的促进	教学、科研彼此间没有什么影响	科研上需要花费太多时间，因此没有更多精力放在教学活动上	用于教学活动的时间过多，因此没有更多的时间和精力做科研	能很好地处理教学和科研的关系
理工院校	72.3	16.7	11.0	14.0	43.1	43.0
农林院校	74.9	17.3	7.9	14.7	42.9	42.3
医药院校	62.9	24.3	12.8	17.5	34.4	48.1
综合大学	70.7	19.5	9.8	15.7	41.1	43.2
其他高校	65.7	23.2	11.1	13.7	51.9	34.4
总计	69.7	19.7	10.6	14.8	43.5	41.7

表7-5　按高校隶属分高校教师对教学科研关系的态度

单位：%

高校隶属	对教学科研关系的看法			对教学与科研的平衡		
	科研对于教学的促进大于教学对于科研的促进	教学对于科研的促进大于科研对于教学的促进	教学、科研彼此间没有什么影响	科研上需要花费太多时间，因此没有更多精力放在教学活动上	用于教学活动的时间过多，因此没有更多的时间和精力做科研	能很好地处理教学和科研的关系
中央	76.32	13.75	9.93	22.37	27.30	50.33
中央教育部门	76.12	14.51	9.37	21.43	28.52	50.04
中央其他部门	77.13	10.58	12.29	26.28	22.18	51.54
地方	69.22	20.04	10.74	14.01	45.15	40.85
地方教育部门	69.71	19.51	10.78	14.41	44.51	41.08
地方其他部门	59.49	30.51	10.00	6.10	57.80	36.10
民办	48.83	43.19	7.98	7.98	63.38	28.64
总计	69.68	19.71	10.61	14.82	43.49	41.69

表7-6　按“双一流”建设项目分高校教师对教学科研关系的态度

单位：%

高校分类	对教学科研关系的看法			对教学与科研的平衡		
	科研对于教学的促进大于教学对于科研的促进	教学对于科研的促进大于科研对于教学的促进	教学、科研彼此间没有什么影响	科研上需要花费太多时间，因此没有更多精力放在教学活动上	用于教学活动的时间过多，因此没有更多的时间和精力做科研	能很好地处理教学和科研的关系
“双一流”建设高校	75.0	14.0	11.0	19.8	28.8	51.4
其他高校	68.1	21.4	10.5	13.3	47.9	38.8
总计	69.7	19.7	10.6	14.8	43.5	41.7

表7-7　影响高校教师处理教学科研关系的因素

单位：%

影响因素	无影响	很小	较小	较大	很大
个人偏好	14.4	20.3	23.1	31.9	10.3
学科性质	10.1	13.2	21.1	43.1	12.5
学校、院系政策	3.4	6.1	13.0	45.2	32.2
国家政策导向	3.5	6.8	16.0	46.1	27.6
学生经验与学生需求	5.0	13.0	32.4	41.0	8.7
财务和人事制度	3.7	7.7	20.0	41.4	27.3

3. 吸纳本科生、研究生参与科研项目的情况

表7-8　按高校类型分高校教师吸纳学生参与科研项目的情况

单位：%

高校类型	吸纳本科生参与科研项目的情况				吸纳研究生参与科研项目的情况			
	从不	偶尔	经常	总是	从不	偶尔	经常	总是
理工院校	15.8	47.7	26.5	10.0	17.6	20.8	34.1	27.5
农林院校	10.0	40.3	35.9	13.8	13.2	22.6	32.1	32.1
医药院校	16.7	45.5	27.2	10.6	19.8	21.9	36.1	22.2
综合大学	14.6	45.7	28.3	11.4	23.2	23.4	26.5	26.9
其他高校	24.0	45.8	22.5	7.8	35.3	27.9	21.9	14.9
总计	16.9	45.8	27.0	10.3	22.8	23.3	29.6	24.4

表7-9 按高校隶属分高校教师吸纳学生参与科研项目的情况

单位：%

高校隶属	吸纳本科生参与科研项目的情况				吸纳研究生参与科研项目的情况			
	从不	偶尔	经常	总是	从不	偶尔	经常	总是
中央	11.5	42.4	33.1	13.1	7.4	16.6	33.3	42.7
中央教育部门	10.9	41.7	33.9	13.5	8.3	16.9	32.1	42.7
中央其他部门	13.6	45.1	29.8	11.5	3.8	15.3	38.1	42.8
地方	17.4	46.1	26.5	10.1	24.0	24.0	29.4	22.7
地方教育部门	16.6	46.1	27.0	10.4	21.7	24.2	30.4	23.7
地方其他部门	32.2	44.2	18.6	5.0	64.2	20.6	11.8	3.4
民办	26.5	56.9	14.4	2.2	54.6	28.1	14.8	2.6
总计	16.9	45.8	27.0	10.3	22.8	23.3	29.6	24.4

表7-10 按“双一流”建设项目分高校教师吸纳学生参与科研项目的情况

单位：%

高校分类	吸纳本科生参与科研项目的情况				吸纳研究生参与科研项目的情况			
	从不	偶尔	经常	总是	从不	偶尔	经常	总是
“双一流”建设高校	11.5	42.4	33.1	13.1	7.4	16.6	33.3	42.7
其他高校	10.9	41.7	33.9	13.5	8.3	16.9	32.1	42.7
总计	13.6	45.1	29.8	11.5	3.8	15.3	38.1	42.8

表7-11　按高校类型分高校教师对本科生参与科研项目成效的看法

单位：%

高校类型	本科生对科研项目的贡献				科研项目对本科生成长的帮助			
	很小	较小	较大	很大	很小	较小	较大	很大
理工院校	16.9	57.9	21.1	4.2	3.1	11.4	62.8	22.8
农林院校	13.0	56.9	25.3	4.9	1.9	10.8	64.8	22.5
医药院校	13.1	54.1	29.0	3.9	2.1	11.2	65.6	21.0
综合大学	16.0	56.1	23.2	4.8	2.8	13.9	59.8	23.5
其他高校	16.0	54.6	23.7	5.7	4.6	14.5	60.6	20.2
总计	15.7	56.2	23.5	4.7	3.1	12.6	62.1	22.2

表7-12　按高校类型分高校教师对研究生参与科研项目成效的看法

单位：%

高校类型	研究生对科研项目的贡献				科研项目对研究生成长的帮助			
	很小	较小	较大	很大	很小	较小	较大	很大
理工院校	1.8	14.1	64.7	19.5	0.9	2.7	50.4	46.0
农林院校	1.3	10.3	60.8	27.6	0.4	3.5	46.2	49.9
医药院校	0.8	7.7	66.8	24.8	0.2	2.2	53.1	44.5
综合大学	1.7	14.5	62.1	21.6	1.0	3.0	49.5	46.5
其他高校	3.2	21.0	58.0	17.8	1.8	3.8	57.1	37.3
总计	1.9	14.6	62.5	21.0	1.0	3.0	51.5	44.5

表7-13　按高校隶属分高校教师对本科生参与科研项目成效的看法

单位：%

高校隶属	本科生对科研项目的贡献				科研项目对本科生成长的帮助			
	很小	较小	较大	很大	很小	较小	较大	很大
中央	17.2	60.5	18.6	3.7	2.4	9.9	63.1	24.6
中央教育部门	17.3	60.2	18.8	3.8	2.7	9.7	62.4	25.2
中央其他部门	16.7	62.1	17.8	3.4	1.4	10.6	65.9	22.2

续表

高校隶属	本科生对科研项目的贡献				科研项目对本科生成长的帮助			
	很小	较小	较大	很大	很小	较小	较大	很大
地方	15.6	55.7	23.9	4.9	3.2	12.9	62.0	22.0
地方教育部门	15.8	55.8	23.6	4.9	3.2	12.8	61.9	22.1
地方其他部门	11.2	53.6	30.2	5.1	3.4	13.4	62.2	21.0
民办	9.4	54.5	33.3	2.8	3.8	16.4	62.4	17.4
总计	15.7	56.2	23.5	4.7	3.1	12.6	62.1	22.2

表7–14　按高校隶属分高校教师对研究生参与科研项目成效的看法

单位：%

高校隶属	研究生对科研项目的贡献				科研项目对研究生成长的帮助			
	很小	较小	较大	很大	很小	较小	较大	很大
中央	1.1	10.9	60.6	27.4	0.3	2.0	42.5	55.3
中央教育部门	1.2	10.9	60.4	27.5	0.2	1.9	42.7	55.2
中央其他部门	0.7	10.9	61.4	27.0	0.3	2.4	41.6	55.6
地方	2.0	15.0	62.7	20.4	1.0	3.1	52.4	43.4
地方教育部门	1.9	15.0	62.7	20.5	0.9	3.1	52.2	43.8
地方其他部门	4.6	16.1	62.0	17.3	3.2	4.9	56.3	35.6
民办	3.8	16.0	65.7	14.6	3.3	4.2	64.3	28.2
总计	1.9	14.6	62.5	21.0	1.0	3.0	51.5	44.5

表7–15　按“双一流”建设项目分高校教师对本科生参与科研项目成效的看法

单位：%

高校分类	本科生对科研项目的贡献				科研项目对本科生成长的帮助			
	很小	较小	较大	很大	很小	较小	较大	很大
“双一流”建设高校	17.0	57.4	21.4	4.3	2.1	11.1	63.2	23.7
其他高校	15.3	55.8	24.1	4.8	3.4	13.1	61.8	21.8
总计	15.7	56.2	23.5	4.7	3.1	12.6	62.1	22.2

表7-16 按"双一流"建设项目分高校教师对研究生参与科研项目成效的看法

单位：%

高校分类	研究生对科研项目的贡献				科研项目对研究生成长的帮助			
	很小	较小	较大	很大	很小	较小	较大	很大
"双一流"建设高校	0.8	11.6	62.1	25.5	0.2	2.0	44.4	53.3
其他高校	2.3	15.5	62.6	19.7	1.2	3.3	53.7	41.8
总计	1.9	14.6	62.5	21.0	1.0	3.0	51.5	44.5

（二）产学研合作创新

1. 承担横向课题的情况

表7-17 按高校类型分高校教师承担横向课题的情况

高校类型	近3年承担横向课题的比例（%）	其中：课题数量的均值（项）	其中：课题合同总金额的均值（万元）
理工院校	45.2	2.8	58.9
农林院校	35.3	2.5	50.3
医药院校	21.2	2.0	31.0
综合大学	34.3	2.8	51.7
其他高校	25.1	2.4	39.3
总计	34.5	2.7	51.3

表7-18 按高校隶属分高校教师承担横向课题的情况

高校隶属	近3年承担横向课题的比例（%）	其中：课题数量的均值（项）	其中：课题合同总金额的均值（万元）
中央	44.7	3.0	76.6
中央教育部门	44.1	2.8	66.3
中央其他部门	47.1	3.6	116.7

续表

高校隶属	近3年承担横向课题的比例（%）	其中：课题数量的均值（项）	其中：课题合同总金额的均值（万元）
地方	33.6	2.6	47.4
地方教育部门	34.1	2.6	48.3
地方其他部门	23.1	2.2	19.0
民办	16.9	1.9	22.6
总计	34.5	2.7	51.3

表7-19　按“双一流”建设项目分高校教师承担横向课题的情况

高校分类	近3年承担横向课题的比例（%）	其中：课题数量的均值（项）	其中：课题合同总金额的均值（万元）
“双一流”建设高校	44.0	2.8	68.9
其他高校	31.7	2.6	44.0
总计	34.5	2.7	51.3

2. 与企事业单位合作培养学生的情况

表7-20　按高校类型分高校教师与企事业单位合作培养学生的情况

单位：%

高校类型	过去3年与企业、政府部门或事业单位开展合作、共同培养学生				与企业、政府部门或事业单位合作培养学生的效果			
	从不	偶尔	经常	总是	没有效果	效果不好	效果较好	效果很好
理工院校	35.7	38.1	21.1	5.1	4.4	21.1	64.8	9.7
农林院校	38.3	40.7	17.1	3.9	3.3	20.5	67.1	9.2
医药院校	63.5	25.7	9.2	1.6	8.4	18.7	66.6	6.3
综合大学	44.1	36.9	15.8	3.2	5.9	20.8	64.6	8.7
其他高校	48.4	34.6	14.0	3.0	5.2	18.5	64.3	12.0
总计	43.9	35.9	16.5	3.7	5.3	20.1	65.1	9.5

表7-21 按高校隶属分高校教师与企事业单位合作培养学生的情况

单位：%

高校隶属	过去3年与企业、政府部门或事业单位开展合作、共同培养学生				与企业、政府部门或事业单位合作培养学生的效果			
	从不	偶尔	经常	总是	没有效果	效果不好	效果较好	效果很好
中央	41.6	36.2	17.8	4.5	6.9	25.9	60.2	7.0
中央教育部门	42.5	35.2	17.6	4.7	6.4	25.5	61.0	7.1
中央其他部门	37.9	40.3	18.4	3.4	8.9	27.3	57.0	6.8
地方	44.2	35.8	16.4	3.6	5.1	19.5	65.5	9.8
地方教育部门	44.4	35.6	16.4	3.6	5.2	19.8	65.2	9.8
地方其他部门	39.8	39.2	17.0	4.1	3.2	14.6	71.5	10.7
民办	45.1	39.9	13.6	1.4	2.4	13.6	73.7	10.3
总计	43.9	35.9	16.5	3.7	5.3	20.1	65.1	9.5

表7-22 按“双一流”建设项目分高校教师与企事业单位合作培养学生的情况

单位：%

高校分类	过去3年与企业、政府部门或事业单位开展合作、共同培养学生				与企业、政府部门或事业单位合作培养学生的效果			
	从不	偶尔	经常	总是	没有效果	效果不好	效果较好	效果很好
“双一流”建设高校	40.9	36.5	18.3	4.3	6.3	23.4	63.1	7.2
其他高校	44.8	35.7	16.0	3.5	5.0	19.1	65.7	10.2
总计	43.9	35.9	16.5	3.7	5.3	20.1	65.1	9.5

3. 与企事业单位合作开展科研创新的情况

表7-23 按高校类型分高校教师与企事业单位合作开展科研创新的比例

单位：%

高校类型	与企业开展合作创新		合计
	有	无	
理工院校	60.3	39.7	100.0
农林院校	52.3	47.7	100.0
医药院校	34.9	65.1	100.0
综合大学	50.9	49.2	100.0
其他高校	41.6	58.4	100.0
总计	50.3	49.7	100.0

表7-24 按高校隶属分高校教师与企事业单位合作开展科研创新的比例

单位：%

高校隶属	与企业开展合作创新		合计
	有	无	
中央	58.0	42.0	100.0
中央教育部门	57.8	42.2	100.0
中央其他部门	59.0	41.0	100.0
地方	49.5	50.5	100.0
地方教育部门	49.6	50.4	100.0
地方其他部门	48.1	51.9	100.0
民办	39.9	60.1	100.0
总计	50.3	49.7	100.0

表7-25　按“双一流”建设项目分高校教师与企事业单位合作开展科研创新的比例

单位：%

高校分类	与企业开展合作创新		合计
	有	无	
“双一流”建设高校	57.6	42.5	100.0
其他高校	48.1	51.9	100.0
总计	50.3	49.7	100.0

表7-26　按高校类型分高校教师与企事业单位合作开展科研创新的情况

单位：%

高校类型	近3年与企事业单位合作开展科研创新的主要形式				合计
	产品研发	工艺、技术改进	咨询服务	其他	
理工院校	24.8	18.3	26.3	30.6	100.0
农林院校	17.3	15.7	31.0	36.1	100.0
医药院校	13.9	8.1	13.3	64.7	100.0
综合大学	18.1	12.3	27.6	42.0	100.0
其他高校	11.0	6.5	30.3	52.2	100.0
总计	18.2	12.9	26.5	42.4	100.0

表7-27　按高校隶属分高校教师与企事业单位合作开展科研创新的情况

单位：%

高校隶属	近3年与企事业单位合作开展科研创新的主要形式				合计
	产品研发	工艺、技术改进	咨询服务	其他	
中央	22.8	15.7	27.4	34.1	100.0
中央教育部门	21.3	14.9	28.7	35.2	100.0
中央其他部门	29.2	19.2	22.1	29.5	100.0
地方	17.9	12.7	26.3	43.1	100.0

续表

高校隶属	近3年与企事业单位合作开展科研创新的主要形式				合计
	产品研发	工艺、技术改进	咨询服务	其他	
地方教育部门	18.2	12.7	26.0	43.1	100.0
地方其他部门	11.3	12.7	32.1	43.9	100.0
民办	6.2	6.6	28.4	58.8	100.0
总计	18.2	12.9	26.5	42.4	100.0

表7-28　按“双一流”建设项目分高校教师与企事业单位合作开展科研创新的情况

单位：%

高校分类	近3年与企事业单位合作开展科研创新的主要形式				合计
	产品研发	工艺、技术改进	咨询服务	其他	
“双一流”建设高校	22.7	14.4	28.3	34.7	100.0
其他高校	16.9	12.4	25.9	44.7	100.0
总计	18.2	12.9	26.5	42.4	100.0

表7-29　高校教师与企业合作开展科研创新过程中遇到纠纷的情况

单位：%

遇到的纠纷类型	没有	较小	一般	较多	很多
资金到位不及时	35.2	19.4	24.6	17.4	3.4
成果的知识产权归属	41.9	20.3	27.0	9.6	1.2
成果收益分配	40.6	20.3	27.2	10.5	1.3
成果交付时间	37.9	20.1	27.0	13.6	1.4
合作思路不同	33.0	21.2	25.5	17.8	2.6
项目完成标准	34.9	19.8	26.2	17.3	1.8
项目经费管理方式不同	35.4	19.3	24.8	17.1	3.4

表7-30　高校教师与企业合作开展科研创新的动力来源

单位：%

与企业合作开展科研创新的动力	很不符合	较不符合	比较符合	很符合
实现了自我价值	5.8	14.5	67.7	12.0
拥有合理的收益分配	7.0	24.4	62.2	6.3
拥有强大的团队支撑	7.5	29.9	55.7	6.9
拥有丰富的信息获取渠道	5.4	22.5	63.5	8.5
获得了荣誉奖励	22.0	35.8	37.9	4.3
成果纳入职称评审条件	18.9	30.4	44.2	6.4
给学生成长创造了机会	5.1	11.7	67.1	16.1

（三）创新成果转化

表7-31　按高校类型分高校教师创新成果转化的情况

单位：%

高校类型	过去3年创新成果实现转化的情况		目前创新成果需要转化的情况	
	有	没有	有	没有
理工院校	19.3	80.7	36.6	63.4
农林院校	14.4	85.6	32.3	67.7
医药院校	6.1	93.9	19.5	80.5
综合大学	13.3	86.7	29.4	70.6
其他高校	11.3	88.8	21.4	78.6
总计	14.1	85.9	29.2	70.8

表7-32　按高校隶属分高校教师创新成果转化的情况

单位：%

高校隶属	过去3年创新成果实现转化的情况		目前创新成果需要转化的情况	
	有	没有	有	没有
中央	16.3	83.8	37.0	63.0
中央教育部门	15.0	85.0	35.1	64.9
中央其他部门	21.5	78.5	44.7	55.3
地方	13.9	86.1	28.5	71.6
地方教育部门	14.2	85.9	28.8	71.2
地方其他部门	9.7	90.3	21.4	78.6
民办	8.5	91.5	15.5	84.5
总计	14.1	85.9	29.2	70.8

表7-33　按“双一流”建设项目分高校教师创新成果转化的情况

单位：%

高校分类	过去3年创新成果实现转化的情况		目前创新成果需要转化的情况	
	有	没有	有	没有
“双一流”建设高校	17.2	82.8	36.0	64.0
其他高校	13.2	86.8	27.1	72.9
总计	14.1	85.9	29.2	70.8

表7-34　阻碍高校教师进行创新成果转化的因素

单位：%

阻碍创新成果转化的因素	没有	较小	一般	较大	很大
缺乏信息来源	9.3	11.1	21.1	43.6	14.8
缺乏激励机制	9.2	9.9	24.1	42.4	14.4
缺乏资金支持	7.7	6.4	15.3	49.6	21.0

续表

阻碍创新成果转化的因素	没有	较小	一般	较大	很大
缺乏政策支持	8.5	7.6	22.2	44.7	17.0
成果无市场前景	11.0	12.7	30.4	35.1	10.7
中介机构不健全	13.2	12.5	29.6	35.5	9.2

表7–35　高校教师通过创新成果转化获得的激励

单位：%

创新成果转化的激励	很不符合	较不符合	比较符合	很符合
获得了国家的转让收入税收减免	23.0	29.9	42.3	4.8
获得了学校的技术转让收入提成奖励	20.3	29.5	45.6	4.6
纳入职称评定条件	18.5	25.2	49.7	6.6
获得了学校年终绩效奖励	18.4	25.2	50.1	6.3
获得了国家或学校的荣誉奖励	20.7	29.6	44.4	5.3
实现了自我价值	8.6	15.4	63.0	13.0

八、高校学生参与创新情况

监测报告显示，2016年，本科生发表学术期刊论文的比例为12.6%，其中，已发表学术期刊论文的学生中，人均发表数量为1.7篇；本科生发表会议论文的比例为7.5%，其中，已发表会议论文的学生中，人均发表数量为1.6篇。研究生以“一作”身份发表学术期刊论文的比例为49.4%，其中，已发表学术期刊论文的学生中，人均发表数量为2.1篇。本科生参加省部级以上创新创业大赛和科技学术类竞赛的比例分别为14.9%和13.9%；研究生参加省部级以上创新创业大赛和科技学术类竞赛的比例分别为8.4%和7.1%。本科生独立申请专利和获得专利授权的比例分别为5.0%和4.7%；研究生独立申请专利和获得专利授权的比例分别为16.8%和9.5%。本科生参与开发设计与改进试验的比例分别为7.2%和13.6%。

2016年，学生在科研活动参与方面，本科生认为教师有将科研成果转化为教学内容的比例为96.0%，研究生认为教师有将科研成果转化为教学内容的比例为96.7%。本科生参加教师科研课题的比例为56.6%，人均参加教师科研课题的数量为0.8个，独立开展科研课题的数量为0.6个。硕士研究生中从本科阶段开始参与教师课题的比例为22.6%；博士研究生中从本科阶段开始参加教师课题的比例为19.9%；硕士生人均参加所有科研课题的数量为1.5个，博士生人均参加所有科研课题的数量为2.9个。

在创新创业方面，本科生尝试创业的比例为27.8%，研究生尝试创业的比例为17.7%。本科生参与创新创业类社团的比例为35.1%，研究生参与创新创业类社团的比例为16.5%。本科生选修创新创业课程的比例为57.0%，研究生选修创新创业类课程的比例为25.6%。

在参与产学研合作方面，本科生和研究生参与产学研合作活动的比例分别为77.6%和58.1%，其中，研究生主要参与“解决生产实际问题”的比例为21.4%。在对企业委托科研项目的评价方面，88.9%的本科生和89.2%的研究生认为比较重要或非常重要；此外，89.7%的本科生和89.9%的研究生表示愿意参加企业委托的科研项目。

（一）科技育人成果

1. 本科生、研究生发表学术期刊、学术会议论文的情况

表8-1　不同类型高校本科生发表学术期刊、学术会议论文的情况

高校类型	发表学术期刊论文		发表学术会议论文	
	发表的比例（%）	其中：发表的均值（篇）	发表的比例（%）	其中：发表的均值（篇）
理工院校	13.1	1.6	8.3	1.7
农林院校	14.8	1.6	8.7	1.7
医药院校	13.9	1.5	7.1	1.3
综合大学	14.5	1.7	8.2	1.6
其他高校	9.8	1.7	6.2	1.7
总计	12.6	1.7	7.5	1.6

表8-2　不同隶属高校本科生发表学术期刊、学术会议论文的情况

高校隶属	发表学术期刊论文		发表学术会议论文	
	发表的比例（%）	其中：发表的均值（篇）	发表的比例（%）	其中：发表的均值（篇）
中央	17.3	1.6	8.5	1.5
教育部门	18.3	1.7	8.5	1.4

续表

高校隶属	发表学术期刊论文		发表学术会议论文	
	发表的比例（%）	其中：发表的均值（篇）	发表的比例（%）	其中：发表的均值（篇）
其他部门	11.7	1.6	8.4	1.5
地方	12.2	1.7	7.5	1.6
教育部门	12.4	1.7	7.5	1.6
其他部门	8.7	1.6	7.4	1.5
民办	7.5	1.7	5.7	2.7
总计	12.6	1.7	7.5	1.6

表8-3　按“双一流”建设项目分高校本科生发表学术期刊、学术会议论文的情况

高校分类	发表学术期刊论文		发表学术会议论文	
	发表的比例（%）	其中：发表的均值（篇）	发表的比例（%）	其中：发表的均值（篇）
“双一流”建设高校	16.9	1.7	8.6	1.5
其他高校	11.6	1.7	7.3	1.7
总计	12.6	1.7	7.5	1.6

表8-4　不同类型高校研究生发表学术期刊论文的情况

高校类型	以“一作”发表学术期刊论文			以“非一作”发表学术期刊论文		
	发表的比例（%）	其中：发表的均值（篇）	其中：被SCI、EI、SSCI等收入的均值（篇）	发表的比例（%）	其中：发表的均值（篇）	其中：被SCI、EI、SSCI等收入的均值（篇）
理工院校	43.5	2.0	0.8	44.8	2.4	1.1
农林院校	46.4	2.1	0.6	50.7	2.9	1.0
医药院校	56.8	1.9	0.5	50.8	2.7	1.0
综合大学	52.6	2.2	0.6	46.3	2.7	1.4
其他高校	53.2	2.2	0.7	36.0	2.2	0.9
总计	49.4	2.1	0.7	44.7	2.5	1.2

表8-5 不同隶属高校研究生发表学术期刊论文的情况

高校隶属	以“一作”发表学术期刊论文			以“非一作”发表学术期刊论文		
	发表的比例（%）	其中：发表的均值（篇）	其中：被SCI、EI、SSCI等收入的均值（篇）	发表的比例（%）	其中：发表的均值（篇）	其中：被SCI、EI、SSCI等收入的均值（篇）
中央	46.9	2.1	0.9	44.9	2.5	1.4
教育部门	46.0	2.1	1.0	45.2	2.5	1.4
其他部门	53.7	2.2	0.9	42.5	2.5	1.4
地方	49.8	2.1	0.7	44.9	2.5	1.4
教育部门	49.7	2.1	0.7	44.7	2.6	1.1
其他部门	63.3	2.6	0.3	45.9	2.2	0.3
总计	49.4	2.1	0.7	44.7	2.5	1.2

表8-6 按“双一流”建设项目分高校研究生发表学术期刊论文的情况

高校分类	以“一作”发表学术期刊论文			以“非一作”发表学术期刊论文		
	发表的比例（%）	其中：发表的均值（篇）	其中：被SCI、EI、SSCI等收入的均值（篇）	发表的比例（%）	其中：发表的均值（篇）	其中：被SCI、EI、SSCI等收入的均值（篇）
“双一流”建设高校	48.8	2.2	0.8	44.6	2.6	1.3
其他高校	49.6	2.0	0.6	44.8	2.5	1.1
总计	49.4	2.1	0.7	44.7	2.5	1.2

2. 本科生、研究生在省部级及以上大赛获奖的情况

表8–7　不同类型高校本科生参加省部级及以上大赛获奖的情况

高校类型	创新创业大赛		科技学术类竞赛	
	参加的比例（%）	其中：获奖的均值（个）	参加的比例（%）	其中：获奖的均值（个）
理工院校	18.7	1.9	19.8	2.1
农林院校	16.0	1.6	13.8	1.8
医药院校	14.6	1.5	10.0	1.5
综合大学	15.8	1.7	14.7	1.8
其他高校	10.5	1.6	9.4	1.7
总计	14.9	1.7	13.9	1.8

表8–8　不同隶属高校本科生参加省部级及以上大赛获奖的情况

高校隶属	创新创业大赛		科技学术类竞赛	
	参加的比例（%）	其中：获奖的均值（个）	参加的比例（%）	其中：获奖的均值（个）
中央	15.2	1.6	17.1	1.9
教育部门	15.2	1.6	16.3	1.9
其他部门	14.9	1.6	21.2	2.0
地方	14.9	1.7	13.6	1.8
教育部门	14.9	1.7	13.7	1.8
其他部门	13.1	1.6	10.5	1.9
民办	13.5	1.9	11.7	2.0
总计	14.9	1.7	13.9	1.8

表8-9 按“双一流”建设项目分高校本科生参加省部级及以上大赛获奖的情况

高校分类	创新创业大赛		科技学术类竞赛	
	参加的比例（%）	其中：获奖的均值（个）	参加的比例（%）	其中：获奖的均值（个）
“双一流”建设高校	17.3	1.7	17.0	1.9
其他高校	14.3	1.7	13.2	1.8
总计	14.9	1.7	13.9	1.8

表8-10 不同类型高校研究生参加省部级及以上大赛获奖的情况

高校类型	创新创业大赛		科技学术类竞赛	
	参加的比例（%）	其中：获奖的均值（个）	参加的比例（%）	其中：获奖的均值（个）
理工院校	12.1	1.8	8.4	1.7
农林院校	7.3	1.5	6.2	1.5
医药院校	3.1	1.8	3.4	1.5
综合大学	6.4	1.6	6.4	1.6
其他高校	7.9	1.8	8.1	1.8
总计	8.4	1.7	7.1	1.7

表8-11 不同隶属高校研究生参加省部级及以上大赛获奖的情况

高校隶属	创新创业大赛		科技学术类竞赛	
	参加的比例（%）	其中：获奖的均值（个）	参加的比例（%）	其中：获奖的均值（个）
中央	7.6	1.6	5.6	1.5
教育部门	7.3	1.6	5.6	1.5
其他部门	9.7	1.7	5.9	1.9
地方	8.6	1.7	7.4	1.7
教育部门	8.6	1.7	7.4	1.7

续表

高校隶属	创新创业大赛		科技学术类竞赛	
	参加的比例（%）	其中：获奖的均值（个）	参加的比例（%）	其中：获奖的均值（个）
其他部门	2.8	1.0	4.6	1.2
总计	8.4	1.7	7.1	1.7

表8-12　按“双一流”建设项目分高校研究生参加省部级及以上大赛获奖的情况

高校分类	创新创业大赛		科技学术类竞赛	
	参加的比例（%）	其中：获奖的均值（个）	参加的比例（%）	其中：获奖的均值（个）
“双一流”建设高校	6.7	1.6	6.6	1.7
其他高校	9.3	1.7	7.4	1.7
总计	8.4	1.7	7.1	1.7

3. 本科生、研究生申请与获得专利的情况

表8-13　不同类型高校本科生申请与获得专利情况

高校类型	独立申请专利		获得专利授权	
	申请的比例（%）	其中：申请的均值（件）	获得的比例（%）	其中：获得的均值（件）
理工院校	7.7	1.8	7.4	1.8
农林院校	4.9	1.9	5.4	1.8
医药院校	2.6	1.3	2.4	1.5
综合大学	5.0	1.8	4.9	1.8
其他高校	3.4	2.0	2.9	2.1
总计	5.0	1.8	4.7	1.9

表8–14　不同隶属高校本科生申请与获得专利情况

高校隶属	独立申请专利		获得专利授权	
	申请的比例（%）	其中：申请的均值（件）	获得的比例（%）	其中：获得的均值（件）
中央	7.4	1.6	6.4	1.7
教育部门	7.5	1.6	6.6	1.7
其他部门	6.5	1.8	5.4	1.6
地方	4.8	1.9	4.6	1.9
教育部门	4.8	1.9	4.6	1.9
其他部门	2.9	1.7	4.9	1.7
民办	2.7	2.5	3.3	2.8
总计	5.0	1.8	4.7	1.9

表8–15　按“双一流”建设项目分高校本科生申请与获得专利情况

高校分类	独立申请专利		获得专利授权	
	申请的比例（%）	其中：申请的均值（件）	获得的比例（%）	其中：获得的均值（件）
“双一流”建设高校	7.4	1.7	6.9	1.8
其他高校	4.4	1.9	4.3	1.9
总计	5.0	1.8	4.7	1.9

表8–16　不同类型高校研究生申请与获得专利情况

高校类型	独立申请专利		获得专利授权	
	申请的比例（%）	其中：申请的均值（件）	获得的比例（%）	其中：获得的均值（件）
理工院校	24.5	2.7	14.8	2.5
农林院校	16.5	2.8	9.6	2.7
医药院校	7.2	1.6	3.5	1.6

续表

高校类型	独立申请专利		获得专利授权	
	申请的比例（%）	其中：申请的均值（件）	获得的比例（%）	其中：获得的均值（件）
综合大学	17.2	2.3	8.8	1.9
其他高校	6.2	2.1	3.4	2.2
总计	16.8	2.5	9.5	2.3

表8–17　不同隶属高校研究生申请与获得专利情况

高校隶属	独立申请专利		获得专利授权	
	申请的比例（%）	其中：申请的均值（件）	获得的比例（%）	其中：获得的均值（件）
中央	18.7	2.3	9.6	2.0
教育部门	17.7	2.4	9.2	1.9
其他部门	26.0	1.7	12.4	2.3
地方	16.5	2.5	9.5	2.4
教育部门	16.5	2.5	9.5	2.4
其他部门	7.3	2.4	2.8	1.3
总计	16.8	2.5	9.5	2.3

表8–18　按“双一流”建设项目分高校研究生申请与获得专利情况

高校分类	独立申请专利		获得专利授权	
	申请的比例（%）	其中：申请的均值（件）	获得的比例（%）	其中：获得的均值（件）
“双一流”建设高校	16.5	2.3	9.0	2.1
其他高校	16.9	2.6	9.7	2.4
总计	16.8	2.5	9.5	2.3

4. 本科生完成的软件开发设计与改进试验情况

表8-19 不同类型高校本科生完成的软件开发设计与改进试验情况

高校类型	完成软件开发设计		完成改进试验	
	人数比例（%）	其中：软件开发设计的均值（个）	人数比例（%）	其中：改进试验的均值（个）
理工院校	10.2	2.2	16.7	1.8
农林院校	8.6	1.9	16.3	1.7
医药院校	3.5	1.5	12.1	1.7
综合大学	7.7	2.0	14.4	1.8
其他高校	5.1	1.9	10.0	1.9
总计	7.2	2.0	13.6	1.8

表8-20 不同隶属高校本科生完成的软件开发设计与改进试验情况

高校隶属	完成软件开发设计		完成改进试验	
	人数比例（%）	其中：软件开发设计的均值（个）	人数比例（%）	其中：软件开发设计的均值（个）
中央	11.0	2.0	17.4	1.6
教育部门	11.1	2.1	17.6	1.6
其他部门	10.3	2.0	16.5	1.9
地方	6.8	2.0	9.3	2.2
教育部门	6.9	2.0	13.3	1.8
其他部门	5.2	2.1	12.1	1.8
民办	5.8	1.9	9.3	2.2
总计	7.2	2.0	13.6	1.8

表8-21　按“双一流”建设项目分高校本科生完成的软件开发设计与改进试验情况

高校分类	完成软件开发设计		完成改进试验	
	人数比例（%）	其中：软件开发设计的均值（个）	人数比例（%）	其中：软件开发设计的均值（个）
“双一流”建设高校	9.6	2.0	16.4	1.6
其他高校	6.7	2.0	12.9	1.9
总计	7.2	2.0	13.6	1.8

5. 本科生、研究生综合能力提升情况

表8-22　本科生认为参加科技创新活动所提高的能力

单位：%

题项	没有提高	有点提高	较大提高	极大提高
深厚的专业知识与技能	3.8	45.0	42.2	9.1
跨学科的知识与技能	6.8	48.1	37.2	7.9
良好的学术写作和口头汇报能力	4.6	41.9	42.6	10.9
组织领导团队的能力	4.3	39.4	43.4	12.9
与他人有效合作	2.3	32.9	49.5	15.3
自主学习和探索	2.2	32.9	48.6	16.3
批判性思维	3.2	39.1	45.7	12.0
创造性思维	3.5	39.5	44.4	12.6
逻辑严密地思考问题	2.4	36.4	47.6	13.6
独立设计研究计划	5.0	42.1	41.6	11.3
把握学科发展前沿	5.7	45.0	39.3	10.0
运用多学科的知识和方法进行创新	4.8	43.0	41.8	10.5
整合多种资源解决现实中的复杂问题	4.2	41.9	42.9	11.0
喜欢从事创新性的活动	4.6	41.6	41.6	12.2

表8-23 研究生认为参加学术训练和科技创新活动所提高的能力

单位：%

题项	没有提高	有点提高	较大提高	极大提高
深厚的专业知识与技能	1.5	31.8	53.9	12.8
跨学科的知识与技能	4.7	43.3	42.7	9.3
良好的学术写作和口头汇报能力	1.7	32.1	52.4	13.8
组织领导团队的能力	5.0	39.0	45.1	10.9
与他人有效合作	2.2	30.7	53.8	13.3
自主学习和探索	0.7	22.3	55.5	21.4
批判性思维	1.5	30.9	53.0	14.6
创造性思维	2.4	35.0	49.9	12.8
逻辑严密地思考问题	1.2	27.2	55.3	16.4
独立设计研究计划	2.2	32.1	50.7	15.0
把握学科发展前沿	2.8	36.4	48.5	12.3
运用多学科的知识和方法进行创新	3.2	37.6	47.7	11.5
整合多种资源解决现实中的复杂问题	2.7	35.5	50.0	11.7
喜欢从事创新性的活动	3.9	38.5	45.8	11.8

（二）科研活动参与情况

1. 本科生、研究生对教师将科研成果转化为教学内容的看法

表8-24 不同类型高校本科生、研究生对教师将科研成果转化为教学内容的评价

单位：%

高校类型	本科生					研究生			
	完全没有	比较少	有一些	比较多	非常多	完全没有	比较少	比较多	非常多
理工院校	4.4	31.5	43.3	18.1	2.7	3.8	43.0	45.2	8.1
农林院校	3.0	31.4	42.6	19.4	3.7	2.0	40.0	49.8	8.2
医药院校	4.1	34.9	41.8	16.0	3.3	4.3	42.3	45.0	8.4

续表

高校类型	本科生					研究生			
	完全没有	比较少	有一些	比较多	非常多	完全没有	比较少	比较多	非常多
综合大学	3.4	31.6	42.7	19.2	3.1	3.2	42.1	46.7	7.9
其他高校	4.5	32.3	42.8	17.5	3.0	2.7	37.3	49.6	10.4
总计	4.0	32.1	42.8	18.0	3.0	3.3	41.4	46.8	8.5

表8-25　不同隶属高校本科生、研究生对教师将科研成果转化为教学内容的评价

单位：%

高校隶属	本科生					研究生			
	完全没有	比较少	有一些	比较多	非常多	完全没有	比较少	比较多	非常多
中央	3.0	31.6	41.8	20.6	3.0	3.6	41.9	47.2	7.4
教育部门	2.8	31.0	41.8	21.0	3.4	3.5	41.7	47.7	7.1
其他部门	3.8	34.4	41.7	19.0	1.1	4.4	42.8	43.4	9.4
地方	4.2	32.3	42.8	17.7	3.1	3.3	41.3	46.7	8.7
教育部门	4.2	32.5	42.8	17.6	2.9	3.3	41.3	46.7	8.7
其他部门	3.3	26.2	42.6	21.4	6.5	4.6	44.0	45.9	5.5
民办	4.4	29.9	46.4	17.5	1.8	3.3	41.4	46.8	8.5
总计	4.0	32.1	42.8	18.0	3.0	3.3	41.4	46.8	8.5

表8-26　按"双一流"建设项目分高校的本科生、研究生对教师将科研成果转化为教学内容的评价

单位：%

高校分类	本科生					研究生			
	完全没有	比较少	有一些	比较多	非常多	完全没有	比较少	比较多	非常多
"双一流"建设高校	3.3	31.7	42.8	19.4	2.7	3.4	42.9	46.4	7.4
其他高校	4.2	32.2	42.8	17.7	3.1	3.3	40.7	47.0	9.0
总计	4.0	32.1	42.8	18.0	3.0	3.3	41.4	46.8	8.5

2. 本科生参与科研课题的情况

表8-27　不同类型高校本科生参与科研课题的情况

高校类型	参加教师科研课题的时间（%）					人均参加科研课题的数量（个）	
	从未参加	大一	大二	大三	大四及以上	教师科研课题	独立开展科研
理工院校	39.2	9.5	30.0	17.5	3.3	0.9	0.6
农林院校	31.2	13.5	37.7	15.5	1.8	0.9	0.5
医药院校	36.9	6.8	30.5	21.2	4.1	0.9	0.4
综合大学	38.8	8.1	31.5	18.2	2.9	0.9	0.6
其他高校	55.9	9.8	21.8	10.8	1.3	0.6	0.5
总计	43.4	9.3	28.5	15.8	2.6	0.8	0.6

表8-28　不同隶属高校本科生参与科研课题的情况

高校隶属	参加教师科研课题的时间（%）					人均参加科研课题的数量（个）	
	从未参加	大一	大二	大三	大四及以上	教师科研课题	独立开展科研
中央	28.7	7.6	41.1	18.6	3.7	1.1	0.8
教育部门	26.9	7.5	44.1	18.1	3.0	1.2	0.8
其他部门	37.9	8.1	25.5	20.9	7.3	0.8	0.7
地方	44.9	9.4	27.2	15.6	2.5	0.8	0.5
教育部门	44.9	9.4	27.1	15.6	2.5	0.8	0.5
其他部门	44.3	10.0	29.9	13.8	1.8	0.9	0.5
民办	51.2	10.7	21.7	14.2	1.5	0.7	0.4
总计	43.4	9.3	28.5	15.8	2.6	0.8	0.6

表8-29　按“双一流”建设项目分高校本科生参与科研课题的情况

高校分类	参加教师科研课题的时间（%）					人均参加科研课题的数（个）	
	从未参加	大一	大二	大三	大四及以上	教师科研课题	独立开展科研
“双一流”建设高校	32.3	8.4	38.0	17.8	3.1	1.1	0.7
其他高校	46.0	9.5	26.3	15.4	2.5	0.8	0.5
总计	43.4	9.3	28.5	15.8	2.6	0.8	0.6

3. 研究生参与科研课题的情况

表8-30　不同类型高校研究生参与科研课题的情况

高校类型	初次参加教师科研课题的时间（%）					人均参与教师及个人的科研课题数（个）	
	硕士生		博士生			硕士生	博士生
	本科阶段	硕士阶段	本科阶段	硕士阶段	博士阶段		
理工院校	20.4	79.6	19.5	60.1	20.4	1.4	2.9
农林院校	32.5	67.5	34.2	57.0	8.8	1.8	2.8
医药院校	20.0	80.0	15.5	65.8	18.8	1.6	2.6
综合大学	24.9	75.1	21.8	56.6	21.6	1.6	3.0
其他高校	20.2	79.8	10.4	62.2	27.4	1.3	2.8
总计	22.6	77.4	19.9	59.4	20.7	1.5	2.9

表8-31　不同隶属高校研究生参与科研课题的情况

高校隶属	初次参加教师科研课题的时间（%）					人均参与教师及个人的科研课题数（个）	
	硕士生		博士生			硕士生	博士生
	本科阶段	硕士阶段	本科阶段	硕士阶段	博士阶段		
中央	36.0	64.0	30.6	49.5	19.9	1.8	2.9
教育部门	36.4	63.6	31.3	48.9	19.9	1.9	2.9
其他部门	33.0	67.0	26.0	53.8	20.2	1.5	3.1
地方	20.6	79.4	16.5	62.6	20.9	1.4	2.9
教育部门	20.6	79.4	16.5	62.7	20.8	1.4	2.9
其他部门	10.9	89.1	0.0	37.5	62.5	1.5	3.0
总计	22.6	77.4	19.9	59.4	20.7	1.5	2.9

表8-32　按“双一流”建设项目分高校研究生参与科研课题的情况

高校分类	初次参加教师科研课题的时间（%）					人均参与教师及个人的科研课题数（个）	
	硕士生		博士生			硕士生	博士生
	本科阶段	硕士阶段	本科阶段	硕士阶段	博士阶段		
“双一流”建设高校	29.3	70.7	25.6	53.1	21.3	1.7	2.9
其他高校	19.7	80.3	15.1	64.7	20.2	1.4	2.9
总计	22.6	77.4	19.9	59.4	20.7	1.5	2.9

（三）接受创新创业教育状况

表8-33　不同类型高校学生尝试创业的比例

单位：%

高校类型	本科生			研究生		
	尝试创业的比例	参与创新创业社团比例	选修创新创业课程的比例	尝试创业的比例	参与创新创业社团比例	选修创新创业课程的比例
理工院校	27.0	38.9	60.7	18.7	19.1	31.6
农林院校	27.5	38.8	57.4	17.7	15.8	22.7
医药院校	24.1	31.1	50.1	19.2	16.0	23.3
综合大学	28.1	35.0	60.1	15.0	14.1	22.9
其他高校	29.7	32.2	53.6	19.1	16.2	21.0
总计	27.8	35.1	57.0	17.7	16.5	25.6

表8-34　不同隶属高校学生尝试创业的比例

单位：%

高校隶属	本科生			研究生		
	尝试创业的比例	参与创新创业社团比例	选修创新创业课程的比例	尝试创业的比例	参与创新创业社团比例	选修创新创业课程的比例
中央	15.8	28.3	46.2	12.3	14.0	20.2
教育部门	15.7	27.7	43.8	12.3	13.9	19.6
其他部门	16.3	31.2	58.5	12.7	14.7	24.5
地方	28.9	35.8	58.0	18.6	17.0	26.6
教育部门	28.5	35.5	57.5	18.6	16.9	26.6
其他部门	38.6	43.4	71.1	20.2	22.9	19.3
民办	38.6	39.2	66.3	—	—	—
总计	27.8	35.1	57.0	17.7	16.5	25.6

表8-35　按“双一流”建设项目分高校学生尝试创业的比例

单位：%

高校分类	本科生			研究生		
	尝试创业的比例	参与创新创业社团比例	选修创新创业课程的比例	尝试创业的比例	参与创新创业社团比例	选修创新创业课程的比例
“双一流”建设高校	20.7	30.3	51.3	15.8	15.3	21.7
其他高校	29.4	36.2	58.3	18.6	17.1	27.5
总计	27.8	35.1	57.0	17.7	16.5	25.6

（四）参与产学研合作情况

1. 本科生参与产学研合作活动的情况

表8-36　不同类型高校本科生参与企业委托科研项目的情况

单位：%

高校类型	参与比例	参与企业委托科研项目的重要性				参与企业委托科研项目的意愿			
		完全不重要	比较不重要	比较重要	非常重要	完全不愿意	比较不愿意	比较愿意	非常愿意
理工院校	81.2	2.4	8.9	67.5	21.3	2.0	7.9	57.9	32.2
农林院校	82.7	2.1	9.2	69.5	19.2	1.4	8.4	61.6	28.6
医药院校	68.2	2.0	10.8	68.7	18.6	2.2	9.4	60.4	27.9
综合大学	79.6	1.9	8.9	69.1	20.1	1.5	8.5	60.2	29.8
其他高校	75.0	2.0	8.4	69.1	20.5	1.8	8.9	61.8	27.6
总计	77.6	2.1	9.0	68.6	20.3	1.8	8.5	60.2	29.5

表8-37　不同隶属高校本科生参与企业委托科研项目的情况

单位：%

高校隶属	参与比例	参与企业委托科研项目的重要性				参与企业委托科研项目的意愿			
		完全不重要	比较不重要	比较重要	非常重要	完全不愿意	比较不愿意	比较愿意	非常愿意
中央	77.1	1.8	10.9	70.7	16.6	1.1	8.8	62.7	27.5
教育部门	82.2	1.8	11.5	70.9	15.7	1.2	9.1	62.7	27.0
其他部门	82.9	1.6	7.9	69.4	21.1	0.5	7.0	62.6	29.8
地方	82.3	2.1	8.8	68.4	20.7	1.8	8.5	59.8	29.9
教育部门	76.8	2.1	8.9	68.3	20.7	1.9	8.5	59.8	29.8
其他部门	86.1	1.4	6.7	70.1	21.8	1.1	7.1	58.8	33.0
民办	74.5	2.6	7.7	68.5	21.3	2.2	9.8	64.5	23.5
总计	77.6	2.1	9.0	68.6	20.3	1.8	8.5	60.2	29.5

表8-38　按“双一流”建设项目分高校本科生参与企业委托科研项目的情况

单位：%

高校分类	参与比例	参与企业委托科研项目的重要性				参与企业委托科研项目的意愿			
		完全不重要	比较不重要	比较重要	非常重要	完全不愿意	比较不愿意	比较愿意	非常愿意
“双一流”建设高校	80.5	2.2	10.3	70.2	17.4	1.6	9.2	62.1	27.1
其他高校	76.9	2.1	8.7	68.3	21.0	1.8	8.4	59.7	30.1
总计	77.6	2.1	9.0	68.6	20.3	1.8	8.5	60.2	29.5

2. 研究生参与产学研合作活动的情况

表8-39　不同类型高校研究生参与企业委托课题的比例及形式

单位：%

高校类型	参与比例	参与形式			
		前沿探索性理论研究	产品研发	解决生产实际问题	其他
理工院校	68.3	17.4	18.1	28.6	35.9
农林院校	59.9	15.4	10.8	28.1	45.7
医药院校	41.2	15.2	9.4	8.9	66.5
综合大学	57.7	17.9	12.5	19.9	49.8
其他高校	46.6	17.7	6.6	13.4	62.3
总计	58.1	17.2	13.0	21.4	48.4

表8-40　不同隶属高校研究生参与企业委托课题的比例及形式

单位：%

高校隶属	参与比例	参与形式			
		前沿探索性理论研究	产品研发	解决生产实际问题	其他
中央	63.2	18.3	14.5	25.7	41.5
教育部门	63.6	17.9	13.9	26.6	41.7
其他部门	60.2	21.5	18.9	19.2	40.4
地方	57.2	17.0	12.7	20.7	49.6
教育部门	57.3	17.1	12.7	20.7	49.4
其他部门	36.7	11.0	8.3	9.2	71.6
总计	58.1	17.2	13.0	21.4	48.4

表8-41　按“双一流”建设项目分高校研究生参与企业委托课题的比例及形式

单位：%

高校分类	参与比例	参与形式			
		前沿探索性理论研究	产品研发	解决生产实际问题	其他
“双一流”建设高校	59.2	18.3	14.5	25.7	41.5
其他高校	57.5	17.0	12.7	20.7	49.6
总计	58.1	17.2	13.0	21.4	48.4

表8-42　不同类型高校研究生对企业委托科研项目的态度

单位：%

高校类型	参与企业委托科研项目的重要性				参与企业委托科研项目的意愿			
	完全不重要	比较不重要	比较重要	非常重要	完全不愿意	比较不愿意	比较愿意	非常愿意
理工院校	1.6	9.4	67.4	21.5	1.7	8.6	63.2	26.5
农林院校	1.0	7.7	72.7	18.6	1.2	7.3	72.0	19.4
医药院校	2.2	12.6	70.3	14.9	2.3	11.9	69.5	16.3
综合大学	1.3	9.5	70.4	18.9	1.2	8.1	66.5	24.2
其他高校	1.0	8.3	69.7	21.0	1.4	8.3	64.6	25.7
总计	1.4	9.4	69.4	19.8	1.5	8.6	65.7	24.2

表8-43　不同隶属高校研究生对企业委托科研项目的态度

单位：%

高校隶属	参与企业委托科研项目的重要性				参与企业委托科研项目的意愿			
	完全不重要	比较不重要	比较重要	非常重要	完全不愿意	比较不愿意	比较愿意	非常愿意
中央	1.8	13.6	68.9	15.6	2.2	12.9	66.4	18.6
教育部门	1.7	13.9	68.9	15.4	2.1	13.0	66.7	18.2
其他部门	2.7	11.5	68.7	17.1	2.4	12.1	63.7	21.8

续表

高校隶属	参与企业委托科研项目的重要性				参与企业委托科研项目的意愿			
	完全不重要	比较不重要	比较重要	非常重要	完全不愿意	比较不愿意	比较愿意	非常愿意
地方	1.3	8.6	69.5	20.6	1.4	7.8	65.6	25.2
教育部门	1.3	8.6	69.6	20.5	1.4	7.8	65.6	25.2
其他部门	1.8	12.8	60.6	24.8	4.6	5.5	61.5	28.4
总计	1.4	9.4	69.4	19.8	1.5	8.6	65.7	24.2

表8–44 按“双一流”建设项目分高校研究生对参与企业委托科研项目的态度

单位：%

高校分类	参与企业委托科研项目的重要性				参与企业委托科研项目的意愿			
	完全不重要	比较不重要	比较重要	非常重要	完全不愿意	比较不愿意	比较愿意	非常愿意
“双一流”建设高校	1.4	11.9	70.4	16.3	1.8	10.5	67.4	20.4
其他高校	1.4	8.2	68.9	21.5	1.4	7.6	64.9	26.0
总计	1.4	9.4	69.4	19.8	1.5	8.6	65.7	24.2

（五）创新人才培养的环境

1. 学校创新人才培养的氛围

表8–45 本科生对学校创新人才培养氛围的评价

单位：%

学生认为学校对以下方面的重视程度	完全不重视	有点重视	重视	非常重视
培养学生创新创业的意识和素养	4.2	36.2	43.8	15.8
营造平等、民主、开放、自由的学术氛围	4.4	32.4	46.5	16.7

续表

学生认为学校对以下方面的重视程度	完全不重视	有点重视	重视	非常重视
本科生参与到教师的科研项目之中	6.8	37.2	42.3	13.8
本科生参与创新创业大赛和科技类竞赛	2.3	27.8	48.1	21.8
在人才培养上与行业、企业紧密结合	5.8	37.6	42.9	13.7
强调学以致用	4.1	31.3	45.3	19.3
为学生创新创业提供支持与帮助	3.2	30.6	47.2	19.0
对学术道德和学术规范的严格遵守	2.4	27.1	49.0	21.5
支持各类科技创新成果有效转化	3.4	33.3	46.8	16.5

表8-46　研究生对学校创新人才培养氛围的评价

单位：%

学生认为学校对以下方面的重视程度	完全不重视	有点重视	重视	非常重视
研究生的科研工作具有创新性	3.1	29.9	47.1	19.9
营造平等、民主、开放、自由的学术氛围	4.4	29.3	49.0	17.3
跨学科合作、多学科交叉的科研工作	4.8	33.2	46.2	15.9
科研创新成果有效转化	4.4	33.3	47.1	15.2
与企业、研究所等其他机构协同合作	4.7	32.0	48.4	14.9
为研究生创新创业提供支持与帮助	6.7	33.0	45.6	14.8
对学术道德和学术规范的严格遵守	1.5	18.5	47.0	33.0
支持各类科技创新成果有效转化	3.1	29.9	50.1	16.9

2. 学生开展科技创新的基础条件

表8–47　本科生对学校科技创新条件的评价

单位：%

学生对学校科技创新条件的评价	从未	有时	经常	总是
通过图书馆系统能够找到所需要的文献资源	3.8	30.8	45.5	19.9
实验室开放时间和实验设备能够满足你的科研需求	9.2	37.2	38.4	15.3
电子信息设备及网络条件能够满足你的学习需求	3.7	29.8	46.2	20.4
教师能为本科生科研创新项目提供充分的指导和咨询	2.9	31.0	45.6	20.6
本科生开展科技创新活动能够得到一定的经费支持	6.4	38.7	39.0	15.9
学校或老师能够为学生提供与企业合作交流的机会	6.6	43.1	37.4	12.9

表8–48　研究生对学校科技创新条件的评价

单位：%

学生对学校科技创新条件的评价	从未	有时	经常	总是
通过图书馆系统能够找到所需要的文献资源	1.4	20.7	51.5	26.5
实验室开放时间和实验设备能够满足你的科研需求	5.0	27.2	45.0	22.8
导师能为研究生学术成长给予充分的指导和支持	1.2	19.6	45.2	33.9
电子信息设备及网络条件能够满足你的学习需求	1.7	19.8	50.6	28.0
做科研项目有较为充足的经费保障	6.4	29.8	39.8	23.9
学校或老师为研究生提供与企业合作交流的机会	13.1	40.6	32.9	13.4

附录1　普通高校创新调查对象

1. 参加“普通高校创新信息采集”的学校基本情况

截至2017年5月1日，共有2128所高校参加了“普通高校创新信息采集”工作。

表1　参与调查高校的类型分布（2016年）

高校类型	填报学校数量（所）	学校总数量（所）	填报比例（%）
综合大学	505	619	81.58
理工院校	750	923	81.26
农业院校	69	81	85.19
林业院校	19	19	100.00
医药院校	161	195	82.56
师范院校	194	225	86.22
语文院校	42	55	76.36
财经院校	218	262	83.21
政法院校	53	73	72.60
体育院校	22	34	64.71
艺术院校	79	92	85.87
民族院校	16	18	88.89

表2　参与调查高校的规格分布（2016年）

高校规格	填报学校数量（所）	学校总数量（所）	填报比例（%）
本科	1067	1237	86.3
其中： 独立学院	192	266	72.2
专科	1061	1359	78.1

表3　参与调查高校的学校隶属分布（2016年）

高校隶属	填报学校数量（所）	学校总数量（所）	填报比例（%）
中央	104	118	88.1
教育部门	69	76	90.8
其他部门	35	42	83.3
地方	1473	1737	84.8
教育部门	960	1099	87.4
其他部门	475	591	80.4
地方企业	38	47	80.9
民办	551	741	74.4

表4　参与调查高校进入“双一流”建设项目的分布（2016年）

高校分类	填报学校数量（所）	学校总数量（所）	填报比例（%）
“世界一流大学”建设高校	36	42	85.7
“世界一流学科”建设高校	81	98	82.7
其他高校	2011	2456	81.9

表5　参与调查高校的地区分布（2016年）

地区	填报高校数量（所）	高校总数量（所）	填报比例（%）
北　京	77	91	84.6
天　津	50	55	90.9
河　北	96	120	80.0
山　西	44	80	55.0
内蒙古	41	53	77.4
辽　宁	96	116	82.8
吉　林	52	60	86.7
黑龙江	69	82	84.1
上　海	61	64	95.3
江　苏	151	166	91.0
浙　江	98	107	91.6
安　徽	110	119	92.4
福　建	84	88	95.5
江　西	71	98	72.4
山　东	93	144	64.6
河　南	90	129	69.8
湖　北	92	128	71.9
湖　南	88	123	71.5
广　东	140	147	95.2
广　西	64	73	87.7
海　南	15	18	83.3
重　庆	53	65	81.5
四　川	89	109	81.7
贵　州	46	64	71.9
云　南	61	72	84.7
西　藏	7	7	100.0
陕　西	88	93	94.6
甘　肃	44	49	89.8
青　海	11	12	91.7
宁　夏	17	18	94.4
新　疆	30	46	65.2
总　计	2128	2596	82.0

2. 普通高校教师创新情况调查的样本分布

截至2017年9月，全国共有14 011位同时担任教学和科研工作的普通高校教师参与了此次调查。

表6　按高校类别分教师样本分布情况

高校类别	有效样本量（人）	有效百分比（%）
理工院校	4592	32.77
农林院校	1351	9.64
医药院校	1592	11.36
综合大学	3453	24.64
其他高校	3023	21.58
总计	14 011	100.00

表7　按高校隶属分教师样本分布情况

高校隶属	有效样本量（人）	有效百分比（%）
中央	1520	10.85
中央教育部门	1227	8.76
中央其他部门	293	2.09
地方	12 278	87.63
地方教育部门	11 688	83.42
地方其他部门	590	4.21
民办	213	1.52
总计	14 011	100.00

表8 按“双一流”建设项目分教师样本分布情况

高校分类	有效样本量（人）	有效百分比（%）
“双一流”建设高校	3230	23.05
其他高校	10 781	76.95
总计	14 011	100.00

3. 普通高校学生创新情况调查的样本分布

截至2017年9月，全国共有22 451位本科生和18 338位研究生参与了此次调查。

（1）本科生调查

表9 不同类型高校本科生样本分布情况

高校类型	有效样本量（人）	有效百分比（%）
理工院校	6267	27.91
农林院校	1638	7.30
医药院校	2469	11.00
综合大学	5189	23.11
其他高校	6888	30.68
总计	22 451	100.00

表10 不同隶属高校本科生样本分布情况

高校隶属	有效样本量（人）	有效百分比（%）
中央	2272	10.12
教育部门	1903	8.48
其他部门	369	1.64
地方	19 630	87.43
教育部门	18 897	84.17
其他部门	733	3.26
民办	549	2.45
总计	22 451	100.00

表11　接“双一流”建设项目分高校本科生样本分布情况

高校分类	有效样本量（人）	有效百分比（%）
“双一流”建设高校	4200	18.71
其他高校	18 251	81.29
总计	22 451	100.00

（2）研究生调查

表12　不同类型高校研究生样本分布情况

高校类型	有效样本量（人）	有效百分比（%）
理工院校	6424	35.03
农林院校	1527	8.33
医药院校	1672	9.12
综合大学	5414	29.52
其他高校	3301	18.00
总计	18 338	100.00

表13　不同隶属高校研究生样本分布情况

高校隶属	有效样本量（人）	有效百分比（%）
中央	2828	15.44
教育部门	2489	13.59
其他部门	339	1.85
地方	15 491	84.56
教育部门	15 382	83.97
其他部门	109	0.60
总计	18 319*	100.00

*：在研究生样本中，另有19人来自民办高校，在按院校隶属关系的分析中未纳入总计。

表14　按“双一流”建设项目分高校研究生样本分布情况

高校分类	有效样本量（人）	有效百分比（%）
“双一流”建设高校	6093	33.23
其他高校	12 245	66.77
总计	18 338	100.00

附录2　指标解释

● R&D人员

指调查单位内部从事基础研究、应用研究和试验发展3类活动的人员。包括直接参加上述3类项目活动的人员，以及这3类项目的管理人员和直接服务人员。为研发活动提供直接服务的人员包括直接为研发活动提供资料文献、材料供应、设备维护等服务的人员。

● R&D人员全时当量

指R&D全时人员（全年从事R&D活动累积工作时间占全年工作时间的90%及以上的人员）工作量与非全时人员（全年从事R&D活动累积工作时间占全年工作时间的10%～90%的人员）按实际工作时间折算的工作量之和，是国际上通用的、用于比较科技人力投入的指标。例如：有2个R&D全时人员（工作时间分别为0.9年和1年）和3个R&D非全时人员（工作时间分别为0.2年、0.3年和0.7年），则R&D人员全时当量＝1+1+0.2+0.3+0.7=3.2（人年）。

● 基础研究

指为了获得关于现象和可观察事实的基本原理的新知识（揭示客观事物的本质、运动规律，获得新发展、新学说）而进行的实验性或理论性研究，它不以任何专门或特定的应用或使用为目的。

● 应用研究

指为获得新知识而进行的创造性研究，主要针对某一特定的目的或目标。应用研究是为了确定基础研究成果可能的用途，或是为达到预定的目标探索应采取的新方法

（原理性）或新途径。

- 试验发展

指利用从基础研究、应用研究和实际经验所获得的现有知识，为产生新的产品、材料和装置，建立新的工艺、系统和服务，以及对已产生和建立的上述各项做实质性的改进而进行的系统性工作。

- 研究人员

指R&D人员中具备中级以上职称或博士学历（学位）的人员。

- R&D经费内部支出

指调查单位在报告年度用于内部开展R&D活动的实际支出，包括用于R&D项目（课题）活动的直接支出，以及间接用于R&D活动的管理费、服务费、与R&D有关的基本建设支出和外协加工费等；不包括生产性活动支出、归还贷款支出，以及与外单位合作或委托外单位进行R&D活动而转拨给对方的经费支出。

- 政府资金

指调查单位R&D经费内部支出中来自各级政府部门的各类资金，包括财政科学技术拨款、科学基金、教育等部门事业费，以及政府部门预算外资金的实际支出。

- 企业资金

指调查单位R&D经费内部支出中来自本企业的自有资金和接受其他企业委托而获得的经费，以及科研院所、高校等事业单位从企业获得的资金的实际支出。

- R&D项目（课题）

指调查单位在当年立项并开展研究工作、以前年份立项仍继续进行研究的研究开发项目或课题，包括当年完成和年内研究工作已告失败的研发项目或课题。

- 专利

指发明创造经审查合格后，由国务院专利行政部门依据专利法授予申请人对该项发明创造享有的专有权，是专利权的简称。发明创造是指发明、实用新型和外观设计。

● 发明专利

指对产品、方法或者其改进所提出的新的技术方案。

● 有效发明专利数

指调查单位作为专利权人在报告年度拥有的、经国内外知识产权行政部门授权且在有效期内的发明专利件数。

● 专利所有权转让及许可数

指报告年度调查单位向外单位转让专利所有权或允许专利技术由被许可单位使用的件数。

● 专利所有权转让与许可收入

指报告年度调查单位向外单位转让专利所有权或允许专利技术由被许可单位使用而得到的收入，包括当年从被转让方或被许可方得到的一次性付款和分期付款收入，以及利润分成、股息收入等。

● 高校作为卖方的成交合同数

指在全国技术市场成交合同中卖方登记为高校的件数。

● 高校作为卖方的成交合同金额

指在全国技术市场成交合同中卖方登记为高校的金额数。

● 学校与企业联合建立研究机构

指学校和企业联合建立实验室、研究中心等研究机构。

● 外聘教师

指在学校备案的学校聘请的外部教师，不包括院聘、系聘教师。

● 学校与企业共同承担科研项目

指学校与企业共同申请的纵向项目。

● 与企业合作开展科研项目

指学校与企业共同申请的纵向项目和企业委托学校开展的横向项目。

● 知识产权投资

指知识产权人依法将专利权、商标权或著作权等知识产权资产评估作价，作为对企业的非货币、非实物出资，以获得所对应的企业股权的行为。知识产权投资属于非货币、非实物出资，因此，必须比照实物投资，依法将知识产权资产评估作价后出资。知识产权投资一般有转让投资、合作投资、许可投资、合资投资等方式。

附录3　数据来源

1. 教育部发展规划司，《中国教育统计年鉴》（2007—2016年）。

2. 国家统计局、科技部，《中国科技统计年鉴》（2007—2017年）。

3. 教育部科学技术司，《高等学校科技统计资料汇编》（2007—2017年）。

4. 国家统计局，《中国统计年鉴》（2007—2017年）。

5. 科技部基础研究司，《2016国家重点实验室年度报告》《2016省部共建国家重点实验室年度报告》《2016国家工程技术研究中心年度报告》。

6. 国家发展与改革委员会高技术产业司提供的2016年度国家工程实验室、国家工程研究中心数据。

7. OECD，Main Science and Technology Indicators。

8. SciVal科研评价和分析平台，其底层数据为Scopus数据库。

9. 2016年度普通高校创新调查，包括2016年度普通高校创新信息采集报表、2016年度普通本科高校教师创新情况调查及2016年度普通本科高校学生创新情况调查。